GÜTERSLOHER
VERLAGSHAUS

Gütersloher Verlagshaus. Dem Leben vertrauen

© Ruth Albus

Stefan Albus, geboren 1966,
Dr. techn., Chemiker, arbeitet
seit 1996 als Wissenschafts-
und Fachjournalist, Ghost-
writer, Redenschreiber und
Buchautor.
Er erhielt mehrere Stipendien;
seine Arbeit wurde mehrfach
ausgezeichnet, u.a. mit dem
Förderpreis zum Literaturpreis
Ruhrgebiet. Albus lebt in
Herne.

www.xmassaker.de

Valeria Barth, geb. 1981,
studierte Kunst und Grafik
Design sowie Illustration.
Als freiberufliche Designerin
und Illustratorin arbeitet sie
für verschiedene Verlage. Ihre
besondere Vorliebe gilt dem
Entwickeln von Charakteren
und dem Comic.

Stefan Albus

Das Lichterketten-

und andere Weihnachtskatastrophen

Mit Illustrationen von Valeria Barth

Gütersloher Verlagshaus

INHALT

45 DAS LICHTERKETTEN-MASSAKER

Über Straßen voller erhängter Weihnachtsmänner, eine marodierende rote Flut – und warum Nikolaus schon lange kein Traumjob mehr ist.

63 GESCHENKT!

Über Los Wochos an den Ladentheken, freigiebige Vorfahren – und Geschenke, die endlich mal wirklich Spaß machen würden.

83 SIE HABEN POST!

Über Paketboten mit schlechtem Gewissen, Zähneklappern am 18. Dezember, Chateauneuf Du Pape und AC/DC.

TÜRCHEN AUF!

Über das, was sich der Autor beim Schreiben dieses Buchs gedacht hat. Wie man uns Weihnachten geklaut hat. Und wie wir es uns zurückholen.

He, wie durchgeknallt muss man eigentlich sein, um im Frühsommer bei 30 Grad im Schatten ein Buch über Weihnachten zu schreiben? Mit Glühwein auf dem sonnenwarmen Schreibtisch? Nun – sicher nicht verrückter als *Wham!*-Sänger *George Michael*: Der Mann hat sich allen Ernstes im Sommer 1984 vor ein Mikrofon gestellt, um einen Song einzusingen, der eigentlich *Last Easter* heißen sollte. Das Werk war mal eben auf *Last Christmas* umgetextet worden, damit seine Plattenfirma noch schnell was auf den Weihnachtsmarkt werfen konnte. Ich stelle mir vor, wie George, in Bermuda-Shorts und Hawaiihemd gewandet, einen Caipirinha mit viieeel Eis in der Hand, seinem Toningenieur einen Vogel zeigt, als der ihm die bekannten Rentierschellen in die Kopfhörer mischt.

Aber dieses Buch muss sein! Denn in Deutschland läuft etwas schief. Schockierte Supermarkt-Kunden müssen in Flipflops und T-Shirt mit ansehen, wie die Angestellten das Regal mit der Sonnenmilch zur Seite schieben, um Platz für das Gestell mit den Spekulatius-Packungen zu schaffen. Einander ansonsten sehr zugetane Paare horten über Monate hinweg ganze Übersee-Container voller Präsente, damit der andere am Ende eins mehr auspacken muss als man selbst. Dem Vernehmen nach beginnen schon die ersten Chemiker, Doktorarbeiten über die Zutaten exotischer Fondue-Soßen zu schreiben, die Festtagstafeln längst zu Außenstellen heidnischer Heiler-Apotheken machen: Früher fand man diese Kräuter und Pülverchen nur auf den Rezeptblöcken hutzliger Frauen, die daraus Zaubertränke brauten ... Vernünftige, biedere Menschen versiegeln ihren Briefkasten mit Bauschaum und fürchten sich, in ihren Mail-Account zu gucken, der vor naiven Weihnachts-Animationen überquillt – bis zum Festplatten-Burnout. Und über allem thront Lord Mammon: Selbst in den seriösen Nachrichten bekommen wir mit der größten Selbstverständlichkeit erklärt, dass wir noch mehr, noch mehr, noch mehr kaufen müssen, damit der Mann vom Einzelhandels-Verband endlich wieder was zu lachen hat.

He – und *Weihnachten?* Halloo? Schon mal gehört?

Es wird Zeit, Fragen zu stellen! Aber nicht nur

 11

zum spirituellen Nährwert der adventlichen »Sonderpreis-Sause« und ihrer Begleiterscheinungen. Sondern auch zu anderen Traditionen, die sich verselbstständigt haben und längst gegen uns wenden wie angeschossene Zombis in 80er-Jahre B-Movies.

Warum stellen wir uns die Wohnung zum Beispiel mit Bäumen zu, die wie verrückt nadeln und durch eine einzige schiefe Kerze jeden Augenblick in Flammen aufgehen können? Und warum hängen wir da auch noch glänzende Kugeln dran? Wieso geben wir jedes Jahr Millionen für Lichterketten und leuchtende Schneemänner aus? Überhaupt: Warum liegt das schönste aller Feste ausgerechnet in der fiesesten Jahreszeit? Wie konnte aus dem asketischen Nikolaus der dicke Weihnachtsmann werden? Was treibt manche Leute dazu an, am Heiligen Abend Tiere in den Ofen zu schieben, die sie bis dahin nicht mal aus dem Bio-Buch ihrer Kinder kannten, während andere längst resigniert zum Kartoffelsalat-Eimer aus der Kühltheke greifen? Sind Gans und Karpfen wirklich so out wie Cross-Border-Leasing-Deals? Warum leben viele Menschen in heller Panik vor dem 18. Dezember? Und wieso hat das gute alte Aschenputtel im Fernsehen eigentlich drei Wunschnüsse, von denen die Gebrüder Grimm nichts wussten? Apropos: Wer ist überhaupt der Weihnachts-Vierteiler?

Diese und ähnliche Fragen wollen wir auf den folgenden Seiten beleuchten. Bleiben Sie dran! Dann sind Sie am Ende schlauer – und lassen sich von deprimierenden Einzelhandels-Statistiken, Geschenketerror und X-Mas-Kitschsongs aus allen Lautsprechern der Welt nicht mehr den Blick verstellen auf das, was Weihnachten nämlich *eigentlich* ist: ein fröhliches Fest des Lebens.

Viel Spaß! Der Advent wird noch hart genug.

Stefan Albus, im Juni 2011

ZU FRÜH! ZU FRÜH!

*Über politisch korrekte Teigwaren und
erste Hilfe im spätsommerlichen
Spekulatius-Tsunami.*

»*Ohne* Pfeife?«, frage ich, »Wozu soll das …?« Am anderen Ende der Leitung hörte ich Moni schwer atmen. Ich klemmte den Hörer zwischen Schulter und Wange und nutzte die Sekunden, in denen sie nach Luft rang, mir die nassen Schuhe auszuziehen. Ich hatte Schneematsch geschippt und war die Treppe hochgestürzt, um rechtzeitig am Telefon zu sein; froh, dass im Display diesmal keine 0800er-Nummer stand, unter der einem eine elektronische Vocoder-Stimme ganz persönlich zu einem Lotterie-Hauptgewinn gratuliert, hatte ich abgehoben.

Mit Moni hatte ich allerdings nicht gerechnet – Claudia und ich waren für den Abend mit ihr und ein paar anderen verabredet – es musste also etwas sehr Dringendes sein. Ich betrachtete die Pfütze, die der schmelzende Schnee auf meinem Parkett hinterließ. »Die machen jetzt Weckmänner ohne Pfeife … damit die Kids nicht auf dumme Gedanken kommen!«, stammelte Moni nach einer Weile. »Stell' dir *das* mal vor.« Ich versuchte es und dachte unwillkürlich an meine Weckmann-Pfeifen-Sammlung, die ich – wie wahrscheinlich alle Jungs in meiner Alterskohorte – irgendwann Ende der sechziger Jahre angelegt und spätestens Anfang der Siebziger *ganz* schnell wieder vergessen hatte. Trotzdem hatte ich seitdem nie eine Zigarette angefasst – hatte mir *allerdings* vorgenommen, das Pfeiferauchen mit etwa 70 noch anzufangen, wenn die Wahrscheinlichkeit hoch war, dass ich längst tot wäre, bevor der damit assoziierte Lungen- oder Zungenkrebs zuschlagen könnte. Hmmm ... ob dafür die Weckmänner meiner Jugend ...

Dann wurde mir klar, worum es *eigentlich* ging: Diese komischen Pfeifen waren zwei-Pfennig-Gimmicks, die überhaupt noch *niemals* jemand in perfektem, quasi platonisch reinem Zustand gesehen hatte, sondern immer nur wie von einem schielenden, betrunkenen und dazu boshaften und kinderhassenden Einarmigen erdacht und zusammengeschustert, insgesamt eher missratener Golfschläger als Raucherutensil, mit verwaschenen Oberflächendetails und einem Geschmack irgendwo zwischen Tuffstein und Bordsteinkante. »Hör mal«, sagte ich, »ich hab' mir an einem dieser Teile fast mal einen Schneidezahn ausgebissen. Außerdem knirschen die furchtbar, wenn man den Teig da abknabbert, und ...« »*Darum* geht es nicht!«, sagte

Moni in einem Ton wie eine Kreissäge, die einen Nagel erwischt. »Worum dann?«, fragte ich. »*Kultur!* Die Pfeife ist ein *Kulturgut*«, sagte die Freundin meiner Freundin, diesmal im Timbre eines Franzosen, dem jemand ein Kaugummi auf die Trikolore gedrückt hat. »Sag mal, geht das nicht 'ne Nummer kleiner?«, meinte ich.

Aber zugegeben: Irgendwie hatte sie recht. Ein Weckmann ohne Pfeife, das war wie Helmut Schmidt ohne Zigarette oder Miss Liberty ohne Fackel. Außerdem kann es für eine bekennende *Genuss*-Raucherin mit zwei Packungen Durchsatz täglich durchaus ein kleiner Schock sein, zu Sankt Martin beim Bäcker zu stehen und einer Auslage von Hefemännchen angesichtig zu werden, die ihres prägenden, persönlichkeitsstiftenden Utensils beraubt sind: ihrer Tonpfeife.

Moni las mir einen Artikel aus der *Saarbrücker Zeitung* vor, dessen Autor investigativ tätig geworden war, um den Sachverhalt aufzuklären: Tatsächlich »fordern immer mehr Eltern und Kindergärten von den Bäckereien Weckmänner ohne Pfeife«, hatte er geschrieben. Und die Bäcker: Wurden prompt weich wie nasse Brötchen. Dabei, Hand auf's Herz: Hat wirklich *jemals* jemand versucht, Stutenkerl-Pfeifen zum Rauchen *irgendwelchen* Krauts zu verwenden? Obwohl: Die Symbolik ist schon nachvollziehbar. Tatsächlich *kann* man sich durchaus fragen, warum ein harmloses Gebäckstück mit traurigen Rosinenaugen ausgerechnet ein Instrument zum Konsumieren suchtgefährdender Drogen mit auf den Weg bekommt. Hätte es nicht ein Spazierstock auch getan? Ein Pilgerstab? Eine Sense? Meinetwegen ein Schwert – das man anschließend als Schaschlik-Spieß hätte verwenden können?

Nun: Tatsächlich ist die Idee mit dem *Spazierstock* nicht *ganz* so abwegig. Angeblich soll es sich bei der Pfeife nämlich ursprünglich gar nicht um eine solche, sondern vielmehr um einen Bischofsstab gehandelt haben, der dann irgendwann zur Raucherflöte umgewidmet wurde – womöglich gar von atheistischen Bäckern ganz bewusst und total extra.

Aber vielleicht fanden Leute in weniger aufgeregten Zeiten Pfeife rauchende Männer auch einfach gemütlicher als strenge Gottesmänner. Außerdem: Zum einen scheint bisher nicht bekannt geworden zu sein, dass sich sozial devi-

 19

ante Weckmänner neuerdings vor Bäckereien zusammenrotten, um im Halbdunkel heimlich eine schiefe Pfeife herumgehen zu lassen; mich persönlich hat auch noch kein herumgammelnder Teigmann je gefragt: »Ey, Digga, haste mal 'ne Kippe?« – insofern scheint das gesellschaftliche Gleichgewicht durch politisch auf Korrektheit getrimmte Backwaren noch nicht in unmittelbarer Gefahr zu sein.

Eine ganz reale Herausforderung für Demokratie und Bürgersinn droht dagegen von einer ganz anderen Seite: Man stelle sich nur einmal Mitte September vor einen beliebigen Supermarkt und schaue in die desillusionierten Gesichter der Leute, die da geschockt herauswanken, um zu ahnen, dass etwas schiefläuft in unserem Lande: Wenn die ersten Spekulatius in die Regale geräumt werden, haben Psychotherapeuten Urlaubssperre, im Internet bilden sich Selbsthilfegruppen, die Telefonseelsorge ist gefragt wie die Telekom-Hotline.

Nachdem ich einmal eine Verkäuferin gefragt hatte, warum sie die Packungen nicht *gleich* zu Ostern verkauft und die ganzen Dominosteine dazu und meinetwegen auch Lebkuchenherzen und Glühwein, den meinetwegen mit Eiswürfeln drin – und nur ein resigniertes »Ach wissense …« geerntet hatte, begann auch ich nervös zu werden und zu recherchieren. Ob es womöglich eine durchgeknallte Sekte gibt, die glaubt, dass der Heiland zurückkehrt, wenn Weihnachten und Ostern auf einen Tag fallen – zumindest was den Verkauf typischer Süßigkeiten betrifft?

Nach einer Weile wurde mir jedoch klar: Die Spekulatius-Welle brandet aus einem sehr viel irdischeren Grund jedes Jahr früher in die Läden. Tatsächlich rührt man den Mürbeteig für die Advents-Süßwaren nämlich oft schon im Sommer zusammen. Anschließend muss das Zeug in ausgebackener Form natürlich erst einmal auf Lager. Da aber herumliegende Ware totes Kapital und dies renditegei... äh: -bewussten Kostenrechnern immer schwerer zu erklären ist, versuchen die Leute mit dem spitzen Bleistift im Kopf, das Weihnachtsgebäck so früh wie möglich in die Läden zu bringen – wahrscheinlich um Platz zu schaffen für Zuckerguss-Ostereier, die dann irgendwann ihrerseits neben dem Silvester-Partyset im Laden liegen werden. Egal:

Gehobene Augenbrauen bei Kunden, die im schönsten Altweibersommer in T-Shirt, Bermudas und Sandalen durch die Supermarkt-Auslage schlendern und jedes Jahr einen gefühlten Monat früher mit den kargen Freuden der bevorstehenden kalten Jahreszeit konfrontiert werden, tauchen nun mal in keiner Bilanz auf. Andererseits: Warum auch nicht! Glühweinflaschen kann man an manchen Tankstellen-Shops ja auch ganzjährig zur Kasse tragen – sie wandern außerhalb der heiligen Jahreszeit lediglich ein paar Regalfächer nach unten. Auch Printen – im Großteil der Republik fest mit der Jahreszeit um Christi Geburt assoziiert – stecken einem Aachener Bäcker mit größter Selbstverständlichkeit das ganze Jahr über in die Tüte, gerne sogar; auch in »Heino-City« Bad Münstereifel kann der vor nix fiese X-Mas-Fan sich von Ostern bis Ostern+1 jeden beliebigen Tag mit diesem Backwerk eindecken. Ausgerechnet dem *Spekulaas* haftet trotz aller Bemühungen des Einzelhandels jedoch noch immer hartnäckig das Image eines Saisonhandelsguts an, das man im Sommer in etwa so vermisst wie zugefrorene Türschlösser.

Menschen, die sich zur Revolution aufgerufen fühlen, sobald die ersten Spekulatius-Tüten neben dem Wühltisch mit dem Strandspielzeug auftauchen, mag vielleicht ein Blick auf den sprachlichen Ursprung des Worts *Spekulatius* weiterhelfen. Tatsächlich werden hier mehrere Theorien diskutiert – und zumindest eine davon ist hochinteressant! So gibt es Sprachforscher, die den *Spekulatius* aus dem lateinischen *speculum* abgeleitet sehen wollen, was so viel wie *Abbild* oder *Spiegelbild* bedeutet; das macht einigen Sinn, schließlich erhält man beim Entnehmen des Teiglings aus der Holz-Form ein gegenbildliches Abbild des dort hineingefrästen Gegenstands.

Wahren Trost bietet jedoch eine ganz andere Deutung: Sie hat mit dem heiligen Bischof von Myra, genannt Νικόλαος (Nikolaos), zu tun, der uns später noch ausführlicher beschäftigen wird. Auf lateinisch heißt *Bischof* in seiner Funktion als Hüter bzw. *Aufseher* der Kirche *speculator* (auch wenn das griechische επισκοπος, episkopos, manchem vielleicht geläufiger ist). Insofern kann man des Deutschen liebstes Weihnachtsgebäck durchaus als *Bischof* nehmen: Spekulatius sind also nichts anderes als gebackene Erinnerungen an den Bischof Nikolaus von Myra.

Nebenbei: Wer sich ekelt, in einen heiligen Mann zu beißen: Keine Sorge – Schokonikoläuse essen wir ja auch! Obwohl: Zugegebenermaßen gehört auch der Autor dieser Zeilen zu denen, die erst zubeißen, nachdem das schön verpackte Stück Schokolade durch einen Sturz aus zwei Metern Höhe oder einen »Unfall«, etwa einer Kollision mit der Schreibtischplatte, jegliche menschlichen Züge verloren hat. Spekulatius naschen fällt da schon leichter!

Aber wir schweifen ab! Halten wir fest: Mit dem Rückgriff auf den heiligen Nikolaus ist der Grund für die Verankerung des Kekses in der Weihnachts- bzw. Adventszeit geklärt. Und jetzt? Weiter denken! Denn der *Speculator* wiederum lässt sich zwanglos auf das römische Wort *speculari* zurückführen, das man als *gucken* bzw. *schauen* übersetzen kann – auch *Spekuliereisen* (Brille), *spieken* (Abgucken) wie auch der *Spickzettel* und *spekulieren* haben ihre etymologische Wurzel hier, auch wenn nach 2008 nicht mehr jedem auf Anhieb klar sein dürfte, was die Börsen-*Spekulation* mit Voraussicht zu tun hat. Egal: Ergänzt man *schauen* um eben jene Vorsilbe »voraus«, hat man durchaus gute sprachwissenschaftlich-kirchenhistorische Gründe in Händen, Nikolaos-Kekse *noch* früher in die Läden zu lassen – quasi als *Vorfreude* in Tüten! Auch so kann man seinen Frieden mit dem Kapitalismus machen! In Holland und Belgien scheinen die Menschen diese Einsicht tatsächlich bereits gewonnen zu haben: Dort genießt man Spekulatius ganz selbstverständlich auch zwischen Weihnachten und dem ersten Advent, also gleich das ganze Jahr über.

Und Hand auf's Herz: Sie *sind* ja auch lecker. Es soll Leute geben, die sich um Heiligabend herum mit einer Jahresration versorgen – zumindest was Lebkuchen angeht, sind dem Autor derlei Praktiken aus dem Bekanntenkreis definitiv bekannt. Machen wir also Hände mit Füßen: Wer noch *vor* September welche haben möchte, aber sich schämt, danach zu fragen, weil das sorgsam erarbeitete Sozialprestige dadurch umgehend auf das eines Anlageberaters abstürzen würde, vermenge einfach zwei Teile Mehl, je einen Teil Zucker und Butter mit drei bis vier Eiern, gibt Backpulver oder Hirschhornsalz dazu (Rentierhornsalz soll auch gehen) und reichert diese Matrix nach Gusto mit Kardamom, Zimt und Gewürznelken an; dann auf's Backblech damit und eine Viertelstunde in den Ofen (180 °C) – fertig!

Am stilechtesten gelingen die Kult-Kekse natürlich, wenn man den Teig vor dem Ausbacken in Formen aus traditionellem Birnen- oder Ahornholz bzw. – für fortschrittliche Geister! – Silikon drückt, die man sich den Rest des Jahres als Warnung vor dem Feste auch an die Wand hängen kann. In der Auswahl der Motive, die einen später aus dem Keksteller anlächeln, sind der Fantasie keine Grenzen gesetzt, sofern sie fromm genug ist: Engel, Schneemänner, Windmühlen, Sterne, Tannenbäume – alles da. Sogar Osterhasen wurden bereits gesichtet – letztere wahrscheinlich vom Deutschen Supermarkt-Verband in endlosen Sitzungen ersonnen, um das Weihnachtsgebäck demnächst schon vier Wochen vor Karfreitag in die Läden bringen zu können. Wenn es so weitergeht, dürfen wir uns bald sicher auch auf Gartenzwerge, Sonnenblumen und Beachball spielende Bikinidamen als Motiv freuen – wir sind gespannt!

Egal. Ich war mir sicher, neulich noch Weckmänner *mit* Pfeife gesehen zu haben. Möglicherweise hatte sich der Bann ja doch noch nicht bis hin zu *jedem* Bäcker herumgesprochen. Ich beschloss, Moni an diesem Abend ein paar mitzubringen. Vorher setzte ich mich allerdings kurz an den Computer: Bis zu Ebay schien sich die Pfeifenrevolution auch noch nicht herumgesprochen zu haben. Vielleicht sollte ich welche horten?

ALLES FÜR NÜSSE

Über Aschenbrödel und des Seewolfs
rohe Kartoffel – und was zwei Schotten
im Fahrstuhl damit zu tun haben.

»Ich weiß gar nicht, was ihr dagegen habt«, sagte Moni, »sieht doch ganz geschmeidig aus.« Sie führte ihren Glühwein-Becher an den Mund, schnupperte jedoch nur kurz daran und stellte ihn schnell wieder hin, so, als hätte sie unsere Zukunft drin gesehen. »Warum muss der eigentlich immer so heiß sein, dass man Ostereier drin kochen könnte?«, fragte sie. »Die destillieren den Alkohol draus ab und verkaufen den extra«, meinte Andi.

Claudia boxte ihm in die Seite und angelte sich einen Spekulatius vom Teller vor uns. Ich kenne niemanden außer meiner Freundin, der jemals von diesen Keksen genascht hätte, die man auf Weihnachtsmarkt-Stehtischen manchmal findet – wie sie es schafft, den Heiligen Abend trotzdem immer wieder zu erleben, ist mir ein Rätsel, denn mit den Jahren lagert sich auf diesen und ähnlichen öffentlichen Gebäckstücken so ziemlich das komplette Arsenal an Krankheitskeimen ab, das die westliche Welt zu bieten hat. Dies und Claudias Vorliebe für scharfe Gerichte und Lebkuchenherzen hatte in mir mehr als einmal den Verdacht aufkeimen lassen, dass sie in Wirklichkeit ein gut getarnter Probensammler von der Wega war, der das terrane Arsenal an biologischen Waffen auskundschaften sollte. Wir standen an einem von mindestens 81 Glühweinständen auf dem Bochumer Weihnachtsmarkt, direkt unter einem 20.000-Watt-Heizpilz mit eigener Erdgas-Pipeline bis Moskau. Vor dem Schneeregen draußen schützte uns eine fingerdicke Kunststoff-Plane, die alles, was sich dahinter bewegte, so verschwimmen ließ, als wäre in unserem Glühwein doch noch Alkohol – und nicht zu knapp. Aus einem kleinen Lautsprecher über uns kam *Rockin' Around the Christmas Tree*, gefolgt von *Last Christmas*. Noch vor zehn Minuten hatten wir auf der anderen Seite der Folie gestanden und mit Schutzhelmen auf dem Kopf aus vollem Hals das *Steigerlied* gesungen – ein Flashmob, den Rob sich ausgedacht und via Facebook angeleiert hatte. Rob war ein junger Typ, der sich in meinen Keller eingenistet hatte, um darin ein Tonstudio einzurichten. Und ab und zu in meiner Küche auftauchte, um Bier oder anderes Zeug zu mopsen. Irgendwie hatte er uns neugierig gemacht. Und nicht nur uns: Es waren fast 50 Leute gekommen. Von den Passanten hatte keiner eingestimmt, aber

einige hatten immerhin ihre Handykameras ge-
zückt. »Geschmeidig?«, meinte Andi. »Hast du
die *Frisuren* vergessen?« »Lieber tot als Prinz in
einem tschechischen Märchenfilm«, fügte Rob
hinzu und nahm einen tiefen Schluck aus seinem Pilsglas. Moni zog sich Handschuhe an und
versuchte es noch einmal mit ihrem Glühwein.

Der Schneeregen draußen wurde dichter. Ich
hatte den Eindruck, dass die unscharfen Gestalten auf der anderen Seite der Folie schneller
vorbei hetzten. Einige hatten Nikolausmützen
mit blinkenden Leuchtdioden auf. »Also Weihnachten ohne *Drei Nüsse für Aschenbrödel*, das
geht *gar* nicht«, sagte Moni, nachdem sie ihre
Tasse erneut abgestellt und von sich geschoben
hatte. Claudia schnüffelte daran. Ich fand, dass
sie ziemlich süß aussah mit diesem dicken Schal
um den Hals, die Maschen so riesig, als hätte
ihre Großmutter das Ding mit den Zeigefingern
gestrickt.

Aber Moni hatte recht! Ich kannte nicht wenige
Leute, für die Weihnachten auf der Stelle zu einer Art Vietnam zu werden drohte, wenn sie in
den Tagen um Weihnachten auch nur eine halbe Sekunde dieses Zelluloid-Märchens aus dem

Jahr 1973 verpassen würden. Okay – allzu groß ist die Gefahr nicht: Allein 2010 wurde die Story um die zauberhafte Libuše Šafránková als schöne Stieftochter der bösesten Mutter der Welt zwischen dem 12. und dem 26. Dezember im deutschsprachigen Fernsehen nicht weniger als *zwölf* Mal ausgestrahlt. Auf mehr Hits kommt nur noch *Dinner for One,* das in aller Regel allerdings erst eine Woche *nach* Weihnachten zu bewundern ist. Tipp: Wenn das Gespräch auf Ihrer nächsten Cocktailparty abzusterben droht, fragen Sie nach den Namen des Schimmels und der Eule aus dem Film (Nikolaus! Rosalie!) – und der Fortgang einer fröhlichen Party ist gesichert. Mehr *Hallo* kann man sich eigentlich nur noch mit geröchelten Darth-Vader-Zitaten und den sprechenden Tieren aus *Urmel* sichern (na, wie hieß das Walross?).

Gut: Über *Drei Nüsse* wäre sicher eine ganze Menge zu berichten – zum Beispiel, dass die Heldin von ihren Fans mittlerweile in die Nähe einer Pippi Langstrumpf gerückt wird und das Heim des Strumpfhosen-Prinzen (übrigens gespielt von einem herrlich adelig blickenden *Pavel Trávníček,* dem im Anschluss leider nicht mehr allzu viel gelang) das Schloss Moritzburg war, 15 Kilometer vor Dresden gelegen. Inzwischen zeigt man sich dort dem Erbe des zum Kultfilm gereiften B-Movies gewachsen und organisiert jährliche Ausstellungen, um den Strom der Nuss-Pilger in halbwegs geordnete Bahnen zu lenken – und betrachtet den Streifen pragmatisch gar als »Teil der Schlossgeschichte«.

Erwähnenswert ist vielleicht auch, dass die für deutsche Zuschauer seltsamen Abweichungen, die sich der Film vom *Aschenputtel*-Original leistet, keinem durchgeknallten Drehbuchautorenteam zu schulden ist, sondern einer Erzählung der Schriftstellerin *Božena Němcová* zu verdanken, die das Grimmsche Epos übernahm und um die geniale Idee der drei Wunschnüsse erweitert hat. Neben den *Drei Nüssen* hat uns die Dame nicht nur eine Menge weiterer, zum Teil ähnlich aufgebohrter Märchen hinterlassen, sondern auch sonst eine Menge geleistet: Zum Beispiel hat sie mit ihrem Roman *Babička* der tschechischen Sprache zum Durchbruch verholfen (wer jetzt an den gleichnamigen Song von *Karel Gott* denkt: knapp daneben, denn *Babička* heißt schlicht *Großmutter*), wurde aber nur 42

Jahre alt und starb trotz der vielen, vielen Auflagen ihres besten Buchs 1862 verarmt in Prag. Insofern ist es vielleicht etwas zynisch, dass sie ausgerechnet auf der tschechischen 500-Kronen-Banknote abgebildet ist, aber so ist nun mal der Gang der Zeit. Apropos jung verstorben: Auch *Carola Braunbock*, jene charismatische Dame, die in den *Drei Nüssen* die böse Schwiegermutter verkörpert hat, verschied schon 1978 mit gerade einmal 54 Jahren. Sie hat den zweifelhaften Ruhm, den Menschen ausgerechnet als böse, dicke Tante in seltsamen Kleidern in Erinnerung zu bleiben, sicher nicht verdient.

Ach, bleiben wir doch noch einen Moment bei den Aschenbrödel-Toten: Seit 2009 kann man das Thema der Filmmusik unter dem Titel *Küss mich, halt mich, lieb mich*, dargeboten von der, nun ja, Sängerin *Ella Endlich* endlich auch mit deutschem Text ergattern bzw. sich zeitgemäß herunterladen *(Küss mich, halt mich, lieb mich*, Text-Auszug: »Auch Wunder könn' geschehn«); angeblich war dies die erste und einzige deutsche Fassung, die vor den Ohren des Komponisten *Karel Svoboda* Gnade gefunden haben soll, der sich allerdings bereits 2007 erschossen hat. Svoboda war eine Art *Ennio Morricone* der deutschen TV-Co-Produktionen: Auf sein Konto ging die Musik zu rund 900 Filmen und Serien, darunter *Wickie und die starken Männer* und *Die Biene Maja*. *Drei Nüsse für Aschenbrödel* war eines seiner ersten Film-Projekte. Fest steht: Das flirrige Pianoriff zu Beginn des Stücks dürfte mindestens noch für die nächsten fünf Jahrzehnte wie eine Art Instant-Weihnachten wirken, das einen garantiert auch beim Eiersuchen am Ostersonntag unmittelbar in den vierten Advent beamen kann.

Aschenbrödel also ... Okay, wenn man bedenkt, dass das Jahr 1973 auch Filme wie *Das große Fressen*, *Die Höllenfahrt der Poseidon*, *Mein Name ist Nobody* und *Der Schakal* hervorgebracht hatte, darf man sich schon einmal leise fragen, wieso es ausgerechnet ein derart schräges Märchen schaffen konnte, sich den Zeitstrahl entlang in die weihnachtliche Gegenwart zu hangeln.

Was hingegen *nicht* verwundert, ist der Drang vieler Deutscher, sich Weihnachten zu einem *TV-Ereignis* vor dem Fernseher zu versammeln – und für einen kleinen Augenblick gewissermaßen von einem Haufen Eigenbrötler zur Nation zu werden. Fragt man Leute in einem Alter, das Božena Němcová leider nicht mehr erreichen konnte, nach Media-Events, die ihre Jugend geprägt haben, kommen nach den bereits erwähnten *Wicki-* (ganz bestimmt und echt wirklich mit »ck« geschrieben!) und *Biene-Maja*-Episoden, den *Vätern der Klamotte*, *Timm Thaler* (übrigens am ersten Weihnachtstag 1979 zum ersten Mal ausgestrahlt!) sowie *Robbie, Tobbie und das Fliwatüüt* garantiert ganz schnell Titel wie *David Balfour*, *Der Seewolf* und *Zwei Jahre Ferien*.

Wetten: Es gibt Menschen, die dieses Buch jetzt erst einmal zur Seite legen, einen Tee kochen, sich eine alte Strickjacke holen und dann erst weiterlesen. Keine Frage: Diese sogenannten Weihnachts-Vierteiler gehören zur bundesrepublikanischen Nachkriegs-Kulturgeschichte wie *Der Kommissar*, *Heino* und die *Hitparade mit Dieter Thomas Heck*. Dabei ist mit *Vierteiler* wohlgemerkt kein Vollstrecker einer barbarischen Foltermethode gemeint; dieser Gattungsbegriff gibt lediglich treffend die Tatsache wieder, dass es sich bei diesen Werken um aufwendige Verfilmungen diverser Vorlagen aus dem Dunstkreis der großen

 37

Weltliteratur handelte, deren Episoden über vier Wochen hinweg sonntagabends ausgestrahlt wurden – mit dem abschließenden Höhepunkt optimalerweise an einem der Weihnachtsfeiertage. *Der Seewolf* zum Beispiel – ein Film, der mehrere *Jack-London*-Romane arg freischwebend miteinander verquirlt und trotzdem gut ankam –, am 5., 12., 19. und 26. Dezember 1971. *Zwei Jahre Ferien* nach Motiven aus Werken von *Jules Verne* schlug seinen Spannungsbogen sogar fast bis Silvester. Okay: *Die Abenteuer des David Balfour* – nach locker verschraubten Vorlagen des *Schatzinsel-* und *Dr. Jeckyll und Mr. Hyde*-Autors Robert Louis Stevenson gestaltet, finishte zwar schon am 17. Dezember 1978, war aber trotzdem *schön*. Letztlich trugen die Cliffhanger-Epen sogar zur Ost-West-Völkerverständigung bei: Der *Seewolf* war sogar in der DDR zu sehen – dort allerdings in acht Folgen zerhackt und nachsynchronisiert. Ein Sakrileg war diese Achtelung übrigens nicht unbedingt: Das ZDF brachte den Mehrteiler später sogar auf 16 Häppchen verteilt – mit Erfolg. Richtig übel kam lediglich der Kinofilm an, zu dem man das Material dann letztlich auch noch zusammengestoppelt hatte.

Egal: Der soziale Kitt, der sich aus diesen Weihnachtsmehrteilern gewinnen ließ, klebt heute noch. Die Filmmusik zu *David Balfour* zum Beispiel darf auf keinem Folk-Sampler fehlen und war ganz sicher einer der Grundsteine des Erfolgs der *Kelly Family*, die dieses Stück damals noch in Fußgängerzonen zum Besten gab.

Eines jedoch ist sicher: Für die Einschaltquoten dieser Ur-Straßenfeger würden heutige TV-Produzenten ihren Ferrari gegen einen alten Smart eintauschen: Keine Kantine, kein Klassenraum, keine Schlange, in der oder dem man sich nicht die Stirn heiß redete über diese und jene dramatische Wendung im *Lederstrumpf* oder über die Frage, ob *David Balfour* seinen *Alan Breck* wiederfindet, wie geil die schottischen Highlands im Nebel aussehen und ob David und die Rebellentochter *Catriona* sich am Ende vielleicht doch noch kriegen. Oder ob *Humphrey van Weyden* sich aus den Fängen des brutalen Robbenfänger-Kapitäns *Wolf Larsen* befreien kann oder wie das mit dem geblendeten *Michael Strogoff* denn jetzt noch was werden soll und überhaupt! Das schönste: *Jeder* konnte mitreden, und wer – auf Grund welcher Schicksalsschläge auch immer –

eine Folge verpasst hatte, ließ sie sich so schnell wie möglich vom besten Freund erzählen, um mitreden zu können. Gut: Videorecorder gab es zwar schon, aber die waren groß und schwer und für das Geld, das man für eine einzige Cassette hinlegen musste, konnte eine vierköpfige Familie essen gehen – ganz abgesehen davon, dass ein Band nicht mal für eine Folge reichte und selbst die gelungenste Aufzeichnung aussah, als wäre sie zwei Jahre auf irgendeinem Acker vergraben gewesen.

Auch Fragen wie die, ob die Kartoffel, die *Raimund Harmstorf* in einer der Seewolf-Folgen zerdrückt, tatsächlich roh war oder nicht zumindest ein wenig angedünstet, konnten die Nation spalten wie heute nur noch Prozesse à la Kachelmann – die während der Arbeitszeit darüber geführten Diskussionen dürften das bundesdeutsche Sozialprodukt stärker geschwächt haben als fünf katholische Feiertage. Noch heute outen sich Leute, deren Kinderseele von dieser Szene nachhaltig traumatisiert wurde. Für Harmstorf, immerhin Zehnkampfmeister und einer der ersten wirklich virilen Waschbrettbäuche der deutschen Fernsehgeschichte, war der Film übrigens der lang ersehnte Durchbruch. Dem danach leider nichts wirklich Großes mehr folgte – später litt der Mann an Parkinson; 1998 nahm er sich das Leben. Aber durch die Kartoffel-Szene lebt er weiter. Wer erinnert sich nicht an dieses heroische, sonnenbraune Gesicht? Welcher Junge wollte nicht sein wie er?

»Diese Schmonzetten kann sich doch heute *im Ernst* niemand mehr anschauen«, sagt Andi. »Die sind so brüllend langsam geschnitten, dass man davon Pupillenstarre bekommt! Überhaupt: Wenn ich Weltliteratur will, geh ich ins Theater!« Ich verschluckte mich fast an meinem Weißbier: Denn damit nun erwähnte Andi eine der wenigen Institutionen, die er in den letzten vier Jahrzehnten noch seltener besucht haben dürfte als Stickerei-Museen. Claudia erschien mit einer Runde seltsamer Liköre am Tisch, die sie auf einer Tafel hinter dem Tresen entdeckt hatte. Sie rochen nach etwas, das man in dicke Plastiktüten eingeschweißt in Süßigkeiten-Abteilungen kaufen kann. Claudias Augen glänzten, als sie die Schnäpse austeilte. »Darum geht es doch gar nicht«, sagte ich. Meine Freundin begann, mit leuchtenden Augen Gummibärchen in die Gläser zu werfen. Aus den Lautsprechern kam *Wonderful Christmas*. »Es geht darum, dass wir damals etwas hatten, das *alle* kannten. Über das man reden konnte. Ein gemeinsamer Nenner! So was gibt's heute nicht mehr. Ein Jammer!« Andi sah mich lange an, als wäre ich ein exotischer Motor, den er nicht versteht. In seiner Welt war es von Vorteil, Dinge zu wissen, von denen andere keine Ahnung hatten. Massengeschmack war ihm dagegen völlig suspekt – wer dafür eine Nase hatte, konnte zwar gute Geschäfte machen, weil er die maximale Anzahl an Kunden garantierte. Aber das gemütliche Untertauchen in einer großen Familie von Leuten, die an ihrem Pro und Contra zu Horror-Käpt'n Wolf Larsen ihr Weltbild justierten, war für ihn wie ein van Gogh für Farbenblinde.

Ich stürzte Claudias Zeug herunter und merkte erst danach, dass alle mich anstarrten. Sie hatten ihr volles Glas noch vor der Nase. »Is' noch was drin«, sagte ich mit Blick auf die etwa zwei Millimeter hohe Pfütze in meinem Glas und stieß mit den anderen an.

Die Situation rettete wie so oft Rob. »Kennt ihr

eigentlich *das* hier?«, fragte er und hielt uns sein iPhone vor die Nase. Darauf zu sehen waren zwei Schotten im Business-Outfit, die versuchten, einen mit moderner Sprachsteuerungs-Technologie gesteuerten Aufzug dazu zu überreden, sie in den elften Stock zu bringen. Sie scheiterten grandios an ihrem Akzent. »Eilöven« brüllten sie wieder und wieder – und nichts passierte, abgesehen von der Tatsache, dass sie nach und nach ihre Commonwealth-Contenance verloren. »Mensch, da hab' ich schon von gehört«, rief Andi und ging fast in die Knie vor Lachen, als die Aufzugtür aufging. »Kennich!«, sagte Moni. »*Youtube* ist schon geil«, meinte Claudia. »Kennt ihr den, wo dieser Maulwurf ...« – Den Rest des Abends verbrachten wir damit, uns irgendwelche schrägen Videos zu zeigen, die uns in den vergangenen Wochen über den Weg gelaufen waren, und lachten und schimpften und schnieften uns dabei fast ins Koma. Okay, Rob fand am Ende sogar die Anfangsszene aus *Drei Nüsse für Aschenbrödel* (erste Textzeile übrigens: »Leg ihn sofort zurück!«), aber das war dann auch fast egal.

DAS LICHTERKETTEN-MASSAKER

*Über Straßen voller erhängter Weihnachts-
männer, eine marodierende rote Flut –
und warum Nikolaus schon lange kein
Traumjob mehr ist.*

»… und wisst ihr was? Das war ein *Weihnachts-mann*!«, brüllte Arno. Er klopfte sich auf die Schenkel vor Lachen – wie eigentlich alle, die sich im Kaminzimmer des Restaurants auf die wenigen Kissen gequetscht hatten. Der Wirt hatte ein Faible für orientalische Sitzecken, die sich seltsam ausnahmen neben all den Lichter-ketten, Weihnachtssternen, Christbaumkugeln, Tannenzweigen und roten Schleifen, mit denen der Raum dekoriert war: Der Saal war offensicht-lich aus einer 1.001er-Nacht-Kulisse und einem Käthe-Wohlfarths-Weihnachtsschmuck-Laden zusammengeschüttelt worden. Ich klopfte mir ein paar Spekulatiuskrümel vom Ärmel und ver-suchte, wenigstens ein bisschen zu lächeln.

Ich gebe zu: Ich konnte Arno nicht leiden. Wenn er sprach, bewegte sich sein Kehlkopf unter sei-nem Alan-Parsons-Vollbart wie dieses Vieh, das Astronaut Kane in *Alien I* beim Frühstück aus der Brust platzt. Arno prostete und zwinker-te mir zu, wohl wissend, dass alle anwesenden Frauen auf dieser gottverdammten Weihnachts-feier vor ihm so was von auf den Knien lagen. Der Abend war bereits fortgeschritten, es war der Teil der Festivität, an dem üblicherweise

Ehen kaputtgingen und neue ihren Anfang nahmen; das Menü, von dem der Chef uns noch in Monaten vorschwärmen würde, weil er dafür seinen Controller fesseln und knebeln musste, da er zu geizig war, es aus eigener Tasche zu bezahlen, hatten wir längst durch, ebenso die Krabbelsack-Runde. Hier hatte ich wieder mal ins Klo gegriffen, ganz tief: Gegeben hatte ich einen Roman von *Philippe Djian*, gebundene Ausgabe, ein ganz großes Werk aus der Zeit, als der Mann noch schrieb wie Hemingway, nachdem er gerade auf einen Löwen anlegt hatte – Okay, war vom Wühltisch, weil ich die fünf-Euro-Grenze irgendwie auch einhalten musste, aber ich hatte ungelogen eine halbe Stunde getanzt vor Glück, dass mir dieser Fund gelungen war. Gezogen hatte ich dafür ein Faksimile eines »Zwergen-Kompendiums« mit Kupferstichen aus dem 17. oder 18. Jahrhundert, die seither völlig zu Recht ähnlich vergessen sind wie *Milli Vanilli*. Okay, ich hätte wissen müssen, dass man aus einem Krabbelsack niemals etwas zieht, das in Ausmaß und Gewicht einem Buch auch nur nahekommt – letztes Jahr hatte ich eine *Daniel-Küblböck*-Biografie erwischt, davor einen Duden von 1983. Ich hatte gute Miene zum bösen Spiel gemacht und versucht, so etwas wie Überraschung und Freude zu heucheln. Wer *das* da reingelegt hatte, war zweifellos im Raum. Möge er auf ewig zehn Cent mehr für sein Benzin zahlen als wir rechtschaffenen Menschen! Okay, mein Gegenüber, die gertenschlanke Blondine, die im normalen Leben meine Reisekosten-Abrechnungen überprüfte, hatte es schlimmer erwischt. Sie hatte einen Satz hellokittyfarbene Servietten und zwei ähnlich getönte Kerzen gezogen. Auch sie lächelte, aber ihr Blick deutete an, dass ihre Kerntemperatur gerade zwei Millionstel Grad über dem absoluten Nullpunkt lag. Sie sah aus, als würde sie mir die Kerzen gerne in die Nasenlöcher drücken, bis zum Anschlag, dabei konnte ich gar nichts dafür. Ich prostete ihr im nikotingelben Licht der Deckenleuchte zu und nahm mir vor, sie nie wieder zu beschummeln: In meinem Alter war selbst das gestellteste Lächeln einer Frau so etwas wie der erste Sonnenstreif nach einer langen Polarnacht. Ich gönnte mir einen Schluck Weißwein. Den Glühwein hatten wir zum Glück schon als Aperitiv durchgewunken.

Ich hatte mich ein paar Minuten nach draußen verzogen. Heute war der erste Schnee des Jahres gefallen, alles war zart bestäubt von einer dünnen Schicht weißen Flaums, die es gerade noch erlaubte, alles wiederzuerkennen und die Welt trotzdem völlig verwandelte, so als hätte Walt Disney himself sie mal eben aus Styropor nachgebaut. Irgendwie war draußen zugleich alles etwas stiller geworden. Ich warte jedes Jahr auf diesen Moment.

Arno kam auf mich zu, die Sekretärin des Abteilungsleiters untergehakt. Sie sah aus wie immer, weshalb ich davon ausgehen durfte, dass Arno schon etwas gebechert hatte. Er gehörte eigentlich gar nicht zur Belegschaft – er war über den Pförtner hier hereingeraten, und Gott weiß, was er ihm dafür versprochen hatte. Egal: Manche Dinge würden mir für immer ein Rätsel bleiben. Der Urknall, die heisenbergsche Unschärferelation und warum Arno immer auf den Parties auftauchte, vor denen ich mich nicht drücken konnte. »Is' echt wahr«, sagte er, als seine Schattin Salzstangen suchen gegangen war. »Der *Weihnachtsmann*!« Er hob seinen Zeigefinger, als müsse er bei einer Rede vor dem Nobelpreis-

Komitee auf *den* entscheidenden Gedanken hinweisen, der letztlich die Wissenschaft revolutioniert hatte. Gut: Ich kannte drei Typen von Rettungssanitätern: den lethargischen, dem alles egal war, solange er nur eine Flasche Wodka in Greifweite hatte, den überdrehten, der über Details seiner Arbeit quasselte, bis er grün wurde wie Schalke-Rasen. Und Typen, die geradezu unheimlich normal waren, weil Spritzen, Defibrillator und Totenscheine für sie so waren wie Messer und Gabel. Arno gehörte zu den überdrehten. Zu den überdrehtesten.

»Echt jetzt«, sagte er, die Zunge schon etwas schwer, »die hatten uns gerufen, weil sich da ein Typ erhängt hatte. An der Hausfassade gegenüber. Wir also hin. Schon beim Ranfahren merk' ich: Och neee, nich' schon wieder!« Er nahm einen Schluck aus einem Glas, das er irgendwo hergezaubert hatte. »Der Typ steckte in einem Nikolaus-Kostüm. Und war gar kein Typ, sondern Weihnachts-Deko, verstehsse?« Arno keuchte vor Lachen, als hätte er mir *den* Witz seines Lebens erzählt. Dabei waren er und seine Kollegen lediglich auf einen dieser Nylon-Weihnachtsmänner hereingefallen, die sich Jahr für Jahr immer mehr Menschen an die Fassade hängten – im Internet schon für wenige Euro zu haben, sahen sie die ersten zwei Stunden nach ihrer Installation tatsächlich so aus, als würden sie die Fassade hochkraxeln. Unter völliger Missachtung sämtlicher Traditionen übrigens, die bekanntlich verlangen, dass der gute Weihnachtsmann sich irgendwie von seinem Rentierschlitten herablässt und durch den Schornstein ins Haus rutscht.

Nun *kann* man sich vorstellen, dass es in deutschen Wohnungen nicht genug Schornsteine gibt, um alle zu Bescherenden auf diesem Wege zu erreichen, aber warum nimmt der heilige Mann dann nicht die Tür, anstatt die Fassade hochzustürmen wie Reinhold Messner die Eiger Nordwand? Die *WELT* fand schon im Advent des Jahres 2000 eine mögliche Antwort: Vielleicht, so mutmaßte das Blatt im Angesicht der ersten gesichteten Kletter-Cläuse, müssten sie sich schlicht und einfach deshalb die Hauswand hinaufhangeln, weil Kinder heutzutage keine fremden Leute mehr reinlassen dürfen.

Egal: In aller Regel genügte ein Windstoß – und die fassadenkletternden Präsentebringer sahen aus wie Diebe, die auf frischer Tat ertappt und vom Hausbesitzer mit einer Pump-Gun niedergestreckt worden waren. Oder sich beim Abstieg mit einem Sack voller Beute versehentlich an ihrem Seil erhängt hatten. Besonders schräg wirkte das morbide Arrangement, wenn der Hausherr seinen toten Nikolaus an einer Lichterkette baumeln ließ. »Echt, das wird jedes Jahr schlimmer!«, sagte Arno und winkte ab. *Da* musste ich ihm recht geben: Mittlerweile gab es ganze Straßenzüge voller Nikolaus-»Leichen«, die wie die Opfer eines traurigen Lichterketten-Massakers im Wind schaukelten und allmählich ausblichen und mumifizierten, bis ihre sterblichen Hüllen zu Mariä Lichtmess irgendwann entsorgt wurden. Sogar an einer Kölner Rheinbrücke soll ein gehenkter Nylon-Weihnachtsmann bis in den Januar hinein kleine Kinder erschreckt haben.

Nun sind tote Geschenkeboten durchaus nicht für jeden ein gruseliger Anblick: Es gibt tatsächlich Menschen, die an diesen armen Kerlen ihren Weihnachtsstress abarbeiten. Und es werden immer mehr. Wie real die Gefahr ist, dass sich des Adventstrubels Überdrüssige an wehrlosen Weihnachtsmännern vergreifen, zeigt zum Beispiel eine Meldung, die im Dezember 2003 im *Hamburger Abendblatt* zu lesen war: Unbekannte Täter hatten damals einen Nikolaus aus Ellerbeck »stranguliert und in der Mühlenau versenkt.« Zum Glück handelte es sich nicht um einen kostümierten Studenten oder gar den echten Präsentebringer, sondern um eine Puppe, die sich eine 45-jährige Dame als Blickfang für ihren Garten gebastelt hatte. Als Tatverdächtige galten zwei 14- bzw. 15-jährige Jungs. Auf unpassende Geschenke, etwa eine veraltete Playstation-Version – eine beliebte Falle, in die nicht selten vor allem ältere Menschen tappen, die gleichwohl fit genug sind, ihre Präsente im Internet zu schießen – kann der Gewaltausbruch dennoch nicht zurückgeführt werden, das zeigt sowohl das Datum der Tat (Anfang Dezember, also weit vor der Bescherung) wie auch die Tatsache, dass das wehrlose Opfer zur Tatzeit in einer Hängematte lag, also nicht in Ausübung seines Berufs gemeuchelt wurde. Für die Hinterbliebene des Dahingerafften wenigstens ging die Sache glimpflich aus: Ein Möbelhaus soll der Dame als Trost einen großen Schneemann spendiert haben.

Aber der Horror ging weiter – bis heute. Am 7. Dezember 2010 zum Beispiel hatte, wie auf der Website www.salzi.at nachzulesen ist, der Traunkirchner Johannes Moser ein böses Erwachen: Er fand einen Weihnachtsmann, den er tags zuvor am Stiegenhaus-Balkon befestigt hatte, »an einem Fahnenmasten mitten am Klosterplatz« aufgeknüpft vor – sogar mit einem richtigen Henkersknoten im Seil. »Viele Gottesdienstbesucher waren über den Anblick sehr empört!«, darf man der Website beunruhigt entnehmen.

Sind das zufällige Ereignisse? Oder stehen wir am Anfang eines offenen Aufruhrs? Einer Revolution? Oder sind wir schon mittendrin? Nun: Falls ja, waren die Hamburger Weihnachtsmann-Misshandler spät am Werke. Und alle anderen seitdem erst recht, denn der Nikolaus *ist* längst tot: Im Web kursiert ein sehr authentisch wirkendes Foto eines Grabsteins mit der Inschrift »Santa Claus 1836 – 2000«. Aber gut, das deutsche Fernsehen hat es auch erst spät gemerkt: Sat.1 strahlte seine »Bulle von Tölz«-Folge *Der Weihnachtsmann ist tot* auch erst am 17.12.2005 aus.

Egal: Hilfe naht! Denn wer Weihnachtsmänner lieber tot als lebendig sieht, muss sich längst nicht mehr an den Püppchen anderer vergreifen: Er kann beim Bochumer Geschäftsmann Ulli Köllner seit etwa zwei Jahren kleine, liebevoll bemalte Plastik-Weihnachtsmänner mit Strick um den Hals erwerben, die man sich zum Beispiel an den Autospiegel hängen kann (quasi der Santa-Claus zum Buch – eine entsprechende Anzeige auf den letzten Seiten bittet um Ihre freundliche Beachtung ...). Wahlweise auch in der Bungee-Ausführung mit Seil um die Stiefel; im Doppelpack sind Köllners *Dead Santas* sogar etwas günstiger, und wer mag, kann bei ihm sogar eine Postkarte mit stranguliertem Bartträger und der Überschrift »Weihnachten fällt aus« erwerben. Okay, den Massengeschmack trifft der Mann damit *noch* nicht ganz – angeblich hat Köllner, der nebenbei auch einen absolut szenetauglichen Underground-Friseursalon betreibt, bereits eine Morddrohung bekommen: »Sie enthielt den Hinweis, dass ich den Weihnachtsmann sofort aus dem Fenster nehmen solle«, sagt er, »andernfalls würde mich das gleiche Schicksal ereilen.«

Das allerdings ist eher nicht zu erwarten. Denn bei seinen strangulierten Mützenmännern soll es sich, wenn man Köllners Einlassungen dazu glauben mag, gar nicht um gemeuchelte Nikoläuse handeln, sondern eher um die Plastik gewordene Darstellung einer Selbstentleibung, die ausdrücklich auf Arbeitsüberlastung durch X-Mas-Overkill zurückzuführen ist: Im *August* schon Weihnachtsleckereien einkaufen, und zwar im dicken roten Wintermantel samt Mütze, unter der selbst dem Entdecker des Nordpols heiß geworden wäre, *kann* stressen. Und irgendwann zuviel werden.

Dabei wäre der Bescherer-Job schon unter normalen Bedingungen so hart, dass nicht mal Günter Wallraff ihn würde machen wollen, auch nicht für den Pulitzer-Ehrenpreis: Als Weihnachtsmann kann man schließlich vom Rentierschlitten rutschen, in Kaminen steckenbleiben, von Dächern kugeln, sich beim Elch-Füttern mit EHEC-Bakterien anstecken, von Jägern für ein Rudel Stockenten gehalten oder von renitenten Kindern in die Luft gesprengt werden. Nicht zu vergessen die berufsbedingten Leiden, die etwa durch frühzeitigen Wirbelsäulen-Verschleiß ausgelöst werden können, verursacht durch das ständige Schleppen viel zu schwerer Säcke. Oder ganz einfach durch die Tatsache, dass die Hälfte der Welt schlicht nicht an einen glaubt – der christlichen Welt, wohlgemerkt, allen anderen ist man als Weihnachtsmann erst recht egal. Es gibt Leute, die sind schon aus weniger schlimmen Gründen berufsunfähig geschrieben worden.

Wer da nicht zumindest Trost im Glas sucht – worauf die dauergerötete Nase ja nun auch allzu deutlich hinweist – muss schon Super-, Spider- oder Bat- statt Weihnachtsman sein. Verschlechtert wird die Prognose zudem durch die schlichte Tatsache, dass bislang noch keine X-Mas-Berufsgenossenschaft bekannt geworden wäre, die gegenüber dem Dienstherrn ergonomische Arbeitsplätze durchsetzt (die Kutsche hat nicht einmal Sicherheitsgurte!) und gegebenenfalls eine Kur bezahlt. Es gibt nicht einmal eine, in die andere Leidensgenossen wie etwa der Osterhase, das Christkind oder wenigstens Rübezahl solidarisch einzahlen, eine Art Sagengestalten-BG. Halten wir also fest: Der Weihnachtsmann arbeitet unter frühkapitalistischen Bedingungen, unter denen die meisten von uns nicht mal eine dürre Rute in die Hand nehmen würden, geschweige denn Pakete mit Geschenken für 1.973 Millionen Leute. Selbst dann nicht, wenn man der zugegeben harten Kernarbeitszeit (ein Abend im Jahr, wenn man die Geschenk-Beschaffung klug delegiert) die doch nicht unerhebliche Anzahl Urlaubstage gegenüberstellt.

Insofern ist eine Aktion, die sich eine auf den Namen »Graf Öderland« getaufte Gruppe in der Dresdner Innenstadt kurz vor Weihnachten 2009 geleistet hat, nicht nur streng an der Grenze des guten Geschmacks zu verorten, sondern vor allem auch moralisch äußerst unfair. Die »Grafen« haben unter dem Motto »Protestaktion gegen das Fest des Kapitalismus« allen Ernstes drei Weihnachtsmänner aufgeknüpft. Und gedemütigt: Die rotgewandeten Geiseln mit der sympathischen Bommelmütze bekamen Schilder mit den Aufschriften »Ich habe das Fest der Liebe verkauft« und »Ich bin nicht zu armen Kindern gekommen« um den Hals gehängt, wurden vor ein sogenanntes Revolutionstribunal gestellt, offensichtlich so unvoreingenommen wie die

Betreiber einer *Tokio-Hotel*-Hass-Website: Von Verteidigern zum Beispiel war nicht die Rede. Wenig später baumelten drei rote, ausgemergelte Gestalten an Laternenmasten. Okay: Auch hierbei handelte es sich zum Glück nur um Puppen, aber die Bilder, die die Konsum-Terroristen anschließend ins Internet gestellt hatten, wirkten auch so ausgesprochen gruselig. Die orthographischen Schwächen des Bekennerschreibens (»kritische Wehinachtsaktion«) vermögen einen auch nicht unbedingt festlicher zu stimmen.

Aber selbst diese Entweihung des zentralen Markenzeichens des Weihnachts-Wahns im Dienste der Kapitalismuskritik ist nicht *ganz* neu. Der Journalist Danny Kringiel etwa wusste auf *Spiegel Online* zu berichten, dass sich bereits in den Siebzigern Leute in roten Mänteln zu allerlei Schabernack bereit fanden – so soll zum Beispiel 1974 eine Hand voll Weihnachtsmänner die Buchabteilung eines Kopenhagener Kaufhauses gestürmt und Ware aus den Regalen verschenkt haben. Mit »frohen Weihnachtswünschen«. Klar, dass sie im Nu ergriffen und rausgeworfen wurden. Vielleicht etwas übertrieben war vielleicht, dass sie vor den Augen

»entsetzter Weihnachtseinkäufer« anschließend recht unchristlich Senge bekamen. 1994 dann sorgte eine Nikolaushorde in San Francisco für Aufsehen, indem sie einen der ihren um Mitternacht an einem Baugerüst erhängte – der das Ganze später übrigens »unglaublich lustig« fand. Mit der Zeit wurde aus dem fröhlichen Spaß aber leider – wie so oft – ein Wettrennen um die blödeste Provokation: »Nikoläuse beleidigten Passanten, [...] entblößten sich auf offener Straße, [...] kotzen Linienbusse voll [...] und vollzogen Scheinhinrichtungen mit Schreckschusspistolen«, ist dem *Spiegel*-Artikel zu entnehmen. Das war selbst den waffenvernarrten Amerikanern zu viel: Aus den freundlichen, konsumkritischen Nikolaus-Flashmobs war eine Bedrohung geworden, eine bischofsrote, marodierende Flut. 2005 urinierten »Randalierer mit Rauschebart« (Kringiel) von Brücken, traten Mülleimer um, plünderten Geschäfte und prügelten Wachmänner in die Klinik. Vergleiche mit den Kreuzberger Mai-Randalen liegen auch aus einem anderen Blickwinkel auf der Hand: Denn selbst wenn sich die Sicherheitskräfte einen der Advents-Chaoten greifen konnten, hatten sie ein Problem: Da die X-Mas-Prollos alle einen roten Mantel, eine ebenso rote Mütze und einen weißen Bart trugen, waren gerichtsfeste Zeugenaussagen selten. Kaum einem Täter konnte seine Tat zweifelsfrei zugeordnet werden.

»Was habt ihr eigentlich mit diesem Ding gemacht«, fragte ich. Es war spät geworden und der größte Teil der Belegschaft längst abgezogen, nur an der Bar standen noch ein paar Leute, die sich unter Zuhilfenahme kleiner Likörfläschchen abteilungsübergreifend verbrüdert hatten und inzwischen Geschenk-Tipps austauschten. Aus der Stereoanlage plätscherte *Last Christmas*. Auch Arno hielt sich seit ein paar Minuten am Tresen fest. »Ach«, sagte er. Ich hatte bis dahin nicht gewusst, dass man dieses Wort lallen kann und erwartete irgendetwas in Richtung »Anzeige erstattet, Anfahrt in Rechnung gestellt, ist doch klar«. Aber Arno sah nur haarscharf an mir vorbei und meinte: »Ach weisste ... für so was haben wir immer einen Sack Schokonikoläuse dabei und manchmal kleine Feuerwehr-Modellautos. Die stecken wir dem in die Taschen, hängen ihn wieder ordentlich hin und gut, verstehsse … weisse, wir sind ja froh, wenn mal nix is'.« Er strich sich über die gegelten Haare und schielte in Richtung seines leeren Glases. »Gerade im Advent … du glaubst nicht, was wir da alles …« Arno sah auf einmal müde aus, als wäre er ungefähr seit dem Urknall auf den Beinen. Ich betrachtete eine Weile die Kellnerin, die versuchte, die arg zerwühlte Weihnachtsdeko auf dem Tisch für die nächste Belegschafts-Rutsche halbwegs wieder in Ordnung zu bringen. Holte noch zwei Pils, die Arno und ich schweigend runterstürzten. Dann rief ich ein Taxi und brachte ihn nach Hause. Auf dem Weg kam uns ein Rettungswagen entgegen. »Ulli und Franjo«, sagte Arno und hob einen Arm. Ich drückte beiden die Daumen, ganz fest.

GESCHENKT!

*Über Los Wochos an den Ladentheken,
freigiebige Vorfahren – und Geschenke, die
endlich mal wirklich Spaß machen würden.*

Ein leeres Band? Gegen 19 Uhr? He – *geht* das? An der Kasse eines Supermarkts, in dem sich die Bewohner halb Bochums und aller Nachbarstädte im Umkreis von zehn Kilometern mit Spekulatius, Dominosteinen und dem ganzen Rest eindeckten? Ich näherte mich dem Objekt wie einem scheuen Schnee-Leoparden. Suchte das *Bitte-nicht-mehr-anstellen*-Schild, während an den Kassen links und rechts von mir die Träume des Einzelhandelsverbands-Präsidenten wahr wurden. Als ich nichts entdeckte außer einer gelangweilten Kassiererin, die ihre Fingernägel betrachtete, wuchtete ich kurzerhand den Inhalt meines Einkaufswagens vor ihre Nase. Mit einer Tüte Milch in der Hand sagte ich: »Mensch, so ein Glück hatte ich ja schon lange nicht mehr!« Woraufhin sich etwa zwei Sekunden Schweigen über die Dame und mich senkten, genug, um 10.000 Universen gebären und wieder in sich zusammenfallen zu lassen.

»Glück?« Die Kassiererin fixierte mich, als suchte sie ein Tränen-Tattoo zwischen meinen Augen. »Glück? *Das* ist doch kein Glück«, sagte sie und hielt eine Weile inne. Ich hatte das Gefühl, dass irgendwo weit hinter mir ein wichtiger Gedanke durch den Laden ging. Die Frau war etwa Mitte 30, hatte leicht fettige, zum Pferdeschwanz verklebte Haare und wirkte in dem seltsamen Neonlicht über uns trotz ihres bunten Supermarktkittels wie eine Schwarzweiß-Ausgabe ihrer selbst. Irgendwann ließ sie endlich von mir ab und widmete sich wieder dem Berg, den ich vor ihr aufgebaut hatte. Zog ein paar Gebinde über den Scanner. Blickte mich wieder an. »Glück ist was *ganz* anderes«, sagte sie plötzlich, seufzte und ließ ihre Worte wie Doktor-Schiwago-Kunstschnee niederrieseln, bevor sie weitermachte. Aus der Kasse kam ein »Piep«, als sie meinen Rotwein an dem Laser vorbeizog. »Donnerwetter«, sagte ich, »das … *das* ist jetzt mal mit Abstand der weiseste Satz, den ich heute gehört habe …« Aber die Frau sagte nichts weiter. Guckte nicht einmal. Als sie mich wieder anblickte, reichte ich ihr einen Fünfzig-Euro-Schein; sie schob ihn wortlos in die Schublade und ließ das Wechselgeld in meine Handfläche klickern. »Ich wünsche Ihnen einen schönen Tag«, sagte sie noch und zog den Schlüssel von der Kasse. Als ich mich kurz vor dem Ausgang noch einmal nach ihr umdrehte, war sie weg.

»Mensch, das ist ja total *spooky*«, sagte Rob, als ich ihm die Geschichte ein paar Tage später erzählte, die Flasche Rotwein vor der Nase. Ich hatte ein komisches Gefühl beim Entkorken, als würde ich eine längst abgelaufene Konserve öffnen. »Ja«, sagte ich, »ich meine, die Literaturgeschichte ist voller geheimnisvoller Unbekannter, die Romanhelden seltsame Dinge mit auf den Weg geben. Sogar Paolo Coelho verdankt seinen Jakobsweg-Megaerfolg ...« »Und *sonst* hat sie nix gesagt?« Rob nahm einen tiefen Schluck aus seinem Glas. »Und dann war sie *weg*? Echt? Der Wein ist übrigens nicht übel ... « Es folgten etwa fünf Minuten, die Rob mit einer arg persönlichen Einschätzung der sensorischen Qualitäten der Flüssigkeit in seinem Glas ausfüllte. Ich hatte nicht den Hauch einer Chance, jemals im Leben in einem tieferen Sinne nachvollziehen zu können, was er mit »schokoladig, aber auch leicht pfeffrig im Abgang« meinte, hörte also auch diesmal nicht richtig zu. Ich war mit den Gedanken eh woanders.

Die Sache mit der seltsamen Kassiererin war ein paar Tage her, aber vorhin war sie mir wieder eingefallen. Vor dem Fernseher, als sich der an Advents-Samstagen unvermeidliche Einzelhandelsverbands-Vertreter in den Nachrichten spreizte wie ein Maler bei der Eröffnung einer Ausstellung seines Lebenswerks und hervorhob, dass das Weihnachtsgeschäft »nach einem langsamen, wenig zufriedenstellenden Start« nun doch etwas angezogen hätte. Die Stimmung bei den Händlern sei gut, man rechne an den kommenden Adventswochenenden mit einem noch lebhafteren Umsatz. »Die Verbraucher gönnen sich wieder etwas«, rief der Mann und strahlte dabei, als würde jedes zweite der Geschenke, das die Leute in den letzten Tagen aus den Geschäften getragen hatten, Heiligabend unter *seinem* Baum liegen.

»Dann ist ja alles gut!«, hatte ich gedacht und mich zurückgelehnt. Der Verweis auf den Glückshormon-Pegelstand in den Gehirnen deutscher Einzelhändler gehört schließlich zum Advent wie die Alufolie zum Schoko-Nikolaus. Zufrieden glucksende Einzelhändler lassen die Stimmen der Prediger Heiligabend weicher werden, sogar das Jesuskind in seiner Krippe lächelt satter, wenn der Einzelhandel zufrieden ist! Und es stimmt ja auch: November und Dezember

67

sind nun mal *los wochos* bei unseren Helden hinter den Verkaufstresen: Traditionell lassen die Menschen zwischen Kiel und Sonthofen in diesen Monaten um die 74 Milliarden Euro in den Läden – die USA haben für ähnliches Geld eine ganze Menge Astronauten zum Mond geschickt. Auch das Brutto-Inlandsprodukt Kuwaits bewegt sich ungefähr in dieser Größenordnung; Lettland gar müsste man gleich vier mal klonen, damit seine stolzen Einwohner das erwirtschaften können, was sich die Deutschen jedes Jahr in Gestalt von Krawatte & Co unter die Nordmann-Tanne legen.

Gut: 2009 war es aufgrund der Krise mit rund 73 Mrd. Euro etwas weniger. Aber der Hype ist trotzdem nicht ganz unberechtigt: Es gibt Branchen, die leben von der Geburt Christi wie Plasmodien von Malaria-Patienten: Spielzeug-, Schmuck- und Buchläden machen laut Hauptverband des Deutschen Einzelhandels regelmäßig etwa ein Viertel ihres Jahresumsatzes in der stillen Jahreszeit, die gerade einmal ein knappes Sechstel des Jahres ausmacht. Fast möchte man sich fragen, ob es sich für sie nicht lohnen würde, den Rest des Jahres die Rollläden unten zu lassen. Sogar der Sektor *Möbel und Hausrat* soll in überdurchschnittlicher Weise von den Wunschzetteln profitieren, die sich die Leute in die Hand drücken, wenn die Tage kürzer werden – und wer hätte je eine Einbauküche unter seinem Tannenbaum gefunden?

Eines aber darf man sich trotzdem fragen: Was haben Einzelhandels-Verlautbarungen in Nachrichtensendungen zu suchen, die ihre knappe Zeit eigentlich internationalen Konflikten oder gefährlichen Großseuchen wie der Schweinegrippe widmen müssten? »Aber ich habe ja auch nie verstanden, wieso man in der Tagesschau den DAX-Stand vorliest«, sagte ich. Rob nahm seine Nase einen Augenblick aus seinem Glas und schüttelte seine John-Lennon-Mähne, ein wenig irritiert wie jemand, der Elvis auf einem *Rammstein*-Konzert sichtet. »... ich meine, wen interessiert der Kurs, sagen wir: der VW-Aktie, wenn man nicht zufällig gerade welche hat? Und wenn ich welche hab, sind mir die Nachrichten eh egal, dann habe ich den Kurs ohnehin auf die Viertelstunde genau im Kopf oder längst einen Anruf meines am Boden zerstörten Brokers auf der Voice-Box, falls wirklich mal was schiefgegangen ist …« Rob stand auf, ging zum Kühlschrank und begann, darin herumzustöbern. Mit etwas Käse und einem Messer kam er zurück. »Hat Andi dir eigentlich von seiner neuesten Idee erzählt?«, fragte er.

Die Antwort auf die Frage, wann das erste Weihnachtsgeschenk der Weltgeschichte den Besitzer gewechselt hat, dürfte zu denen gehören, die für uns Menschen ewig im Dunklen bleiben wie zum Beispiel die nach der Farbe des Urknalls oder ob *Caesar* im alten Rom *Zehsar* oder *Kähsar* ausgesprochen wurde. Entsprechend unbeantwortet wird diejenige nach der Natur des ersten Präsents bleiben müssen: Pfirsich, Faustkeil, Kettenhemd – wir wissen es nicht.

Dass wir einander hingegen ausgerechnet am Heiligen Abend beschenken, lässt sich womöglich sogar an einer Person festmachen: Vermutlich haben wir das nämlich keinem Geringeren als Martin Luther himself zu verdanken. Natürlich: Präsente zur Weihnachtszeit gibt's schon lange. Nur verteilte man die lange Zeit eigentlich am Nikolausabend. Aber da der Reformator mit Heiligen und deren Namenstagen bekanntlich wenig anfangen konnte, wahrscheinlich aber ein zu weiches Herz hatte, um seinen Kindern die netten Gaben gleich ganz zu verbieten, legte er *seine* Geschenke kurzerhand zu Weihnachten auf den Tisch – und erfand obendrein noch das Christkind dazu, als eine Art Stellvertreterin des freundlichen, aber leider eben heiligen Mannes mit dem Geschenkesack.

Eigentlich eine gute Idee – wir finden sie ja heute noch prima, auch wenn die meisten es sich deshalb noch lange nicht nehmen lassen, am Nikolaus-Brauch festzuhalten. Sie warf allerdings ein neues Problem auf: Eigentlich sollte das Christkind seine Leckerchen erst *nach* dem mitternächtlichen Gottesdienst vorbeibringen. Ob Luther das Gequengel der müden, aufgeregten Kleinen in der Christmette genervt hat oder letztlich die jungen Mütter interveniert haben, die ihre Kids vertrösten mussten, weiß man nicht; jedenfalls zog man die schöne Bescherung kurzerhand auf den Abend vor. So kamen die Kinder trotz Weihnachten doch noch rechtzeitig ins Bett. Und aus der (wieder) stillen Nacht wurde der Heilige Abend.

Nun wird natürlich niemand behaupten, dass

 71

die Geschäfte zur Adventszeit nur von Protestanten bevölkert sind. Dass sich auch Katholiken und sogar Atheisten mit der Bescherung am 24.12. angefreundet haben, liegt nicht daran, dass irgendwann *alle* das tun, was *viele* machen – weshalb sich auch Anhänger anderer Religionen oft ganz selbstverständlich und fröhlich längst mit in den X-Mas-Trubel stürzen. Dass die Idee, sich ausgerechnet in der besinnlichen Weihnachtszeit mit der Jagd nach schnöden materiellen Dingen zu beschäftigen, letztlich nicht nur bei Protestanten auf fruchtbaren Boden fiel, hat noch andere Gründe. Schließlich legten ja auch die *Heiligen Drei Könige* dem jungen Herrn Jesus einiges in die Wiege – zwar eigentlich erst ein paar Wochen später, aber die Story ist im Matthäus-Evangelium nun mal fester Teil der Weihnachtsgeschichte, das passt also.

Außerdem machten sich unsere Vorfahren schon einige Zeit, *bevor* sich die ersten Missionare in die kalten Landstriche nördlich der Alpen verirrt hatten, Gedanken über Gaben, die ihnen die finstere Jahreszeit aufhellen sollten – damals war es allerdings eher die Wintersonnenwende, die die Leute großzügig stimmte. Selbst die alten Römer überreichten einander in der dunklen Jahreszeit kleine Aufmerksamkeiten, damals allerdings eher anlässlich des Neujahrsfests, das seit etwa 150 vor Christus am ersten Januar steigt. Noch im 15. Jahrhundert machten auch christliche Priester ihrer Gemeinde kleine Neujahrsgeschenke – in der Zwischenzeit war es längst auch unter Nicht-Römern üblich geworden, am ersten Tag des Jahres mit Nettigkeiten unterm Arm an der Hütte nebenan zu klopfen. Allerdings: So großzügig wie vor Jahrhunderten zur Sonnenwend-Sause sind wir nicht geblieben. Man mag es angesichts explodierender Kaufhäuser und Fußgängerzonen, an denen die Menschen vor lauter Tüten kaum noch aneinander vorbeikommen, kaum glauben: Deutschland liegt in Sachen Ausgaben für das Fest der Feste in Europa bei weitem nicht an der Spitze – im Gegenteil: Noch 2009 rangelten die Iren und die Luxemburger um den ersten Platz der Hitparade der fleißigsten Schenker: Rund 700 Euro wollten die Menschen vor zwei Jahren in Dublin und Echternach in ein Lächeln ihrer Lieben investieren; den Italienern waren ihre Freunde und Verwandten immerhin rund 400 Euro wert.

Im Vergleich dazu lief man in Deutschland geradezu mit zugekniffenem Portemonnaie durch die Straßen: 300 Euro reichten *wir* damals über die Ladentheken, um anderen etwas unter den Baum legen zu können – und gaben uns in dieser Disziplin damit sogar geschlagen von Tschechen und Slowaken. Obwohl manchen vielleicht trösten mag, dass es Leute gibt, die noch weniger Geld für Präsente ausgeben – und das nicht nur in Bangladesh, sondern zum Beispiel in den Niederlanden, 225 Euro waren es hier im Schnitt.

Die Deutschen als Weihnachts-Knauser? Wer mag, kann sich durch etwas Einzelhandels-Statistik gleich noch ein Vorurteil zertrümmern lassen – das von den ach so geizigen Ossis. Laut Handelsblatt geben zwar 14 Prozent der Ostdeutschen unter 50 Euro für Geschenke aus. Im Westen sind es allerdings nur wenig weniger: 12 Prozent. Unter den Leuten, die ihren Liebsten Gaben im Wert von über 500 Euro unter die Tannenzweige schieben, steht es zwischen Hansa Rostock und Bayer Leverkusen immer noch lediglich 13 zu 10 – was durch das Lohngefälle zwischen den alten und den neuen Ländern aber sicher ohne weiteres gerechtfertigt ist.

Andi und Moni in diesem Zusammenhang zu erwähnen, war allerdings mindestens so unfair, wie in einer Diskussion über die Notwendigkeit des siebzehnten Paars Schuhe den Satz »du verstehst mich eben nicht« fallen zu lassen: eine Art Neutronenbombe für jede abgeklärte Diskussion. Denn Andi und Moni hatten *alles* – sie allein dürften locker für die Hälfte der leichten Ost-West-Dysbalance verantwortlich sein. Beleuchtete Duschköpfe, Wein- und Whiskyflaschen mit dem Namen des – oder in selteneren Fällen *der* – Liebsten auf dem Etikett, Gutscheine für einmal Abseilen vom Dach des Münchner Olympiastadions, Bügelbrettbezüge mit schlüpfrigen Motiven, gepolsterte Überkopf-Schlafsäcke »für gestresste Büromenschen«, Yoga-Frösche aus Kunstharz, ein Schnupperkurs im Panzerfahren, Küchenschürzen mit Kunstblut-Flecken (»Der Gipfel der Männlichkeit«) – an ausgefallenen Geschenkideen für Leute, die inklusive iPhone und *allen* dazugehörigen Gadgets schon alles haben, herrscht in der westlichen Welt ebenso wenig Mangel wie an Leuten, die sich freiwillig *Richterin Barbara Salesch* angucken.

»Ich dachte, die schenken sich nichts mehr?«,

sagte ich. Rob sah mich an, als käme mir ein ICE aus der Nase. Mit 300 Sachen. »Im Ernst. Andi hat neulich noch gesagt: ›Wir sind *wirklich* raus aus dem Alter‹. Ich meine, in diesem Darth-Vader-Bademantel, mit dem Moni letztes Jahr ankam, hätte sogar George Clooney …« Die folgenden Stunden hatte ich mit Andi dann über die überflüssigsten Geschenke der Welt und den Erfolg sogenannter Geschenketausch-Börsen debattiert: Krawatten, Bettwäsche, Vasen, die man nicht einmal in irgendeinem finsteren Winkel wegschließen kann, wegen der anschließenden Kontrollbesuche. Kerzenständer, die aussehen wie *Tanz-der-Vampire*-Requisiten und *niemals* in Monis Marmor-Stahl-Polyurethan-Wohnzimmer passen. DVD-Filme, die man schon hat oder aber so toll findet wie Windpocken, weshalb man sie ganz bewusst eben *nicht* hat. Bücher über die britische Küche. Glasuntersetzer mit Bundesliga-Motiven, rosa Topflappen – am Ende sogar selbst gehäkelt, weshalb man sie nicht einmal zum Aufwischen von Ölpfützen verwenden darf; T-Shirts mit Bands drauf, von denen man noch nie gehört hat und nach einem Blick auf das schräge Artwork auch nie hören möchte, Unterwäsche, die einem jede Investition in Verhütungsmittel erspart, Grönemeyer-CDs (die im Zweifelsfall seit den späten 80ern immer wieder weiterverschenkt werden), Romane von Autoren, die nicht mal Elke Heidenreich kennt – natürlich mit völlig unleserlichem Autogramm – und Games für ein Gerät, das man schon vor zwei Jahren vertickt hat, weil es längst viel zu *klonky* geworden war. »Hör auf«, hatte ich am Ende gesagt, »ich kann nicht mehr!«

Rob schnitt sich mit der Ruhe eines Jedi-Ritters ein Stückchen Käse ab. »Schon klar. Aber was macht er, wenn sie trotzdem …« »Du meinst …«, stammelte ich. »Naja, er will halt vorbeugen. Für den Fall der Fälle. Sichergehen.« Ich nahm mir auch ein Stück Käse. Ein uralter Gouda, man kam kaum mit dem Messer durch, der Klotz bestand fast nur noch aus Salzkristallen und Aromen, die roten Wein noch dunkler schmecken ließen. Plötzlich dachte ich an ein Telefonat, das ich neulich mit Moni geführt hatte. Ich hatte ihr von meiner Idee erzählt, mir am 24.12. genau 50 Euro ins Portemonnaie zu stecken und auf die Sekunde genau eine Stunde vor Ladenschluss am Rande der Essener Fußgängerzone aus dem Auto zu steigen. »Und wennste nix kriegst?«, hatte sie nach einer Pause gesagt, die Picasso genügt hätte, *Guernica* zu malen. »Dann kauf ich halt *irgendwas*. Es kommt auf die Message an. Es geht ums Prinzip.«

Ich hatte versucht, Moni von den Abenden zu erzählen, an denen Claudia und ich uns überlegt hatten, was denn mal *wirklich* schöne Geschenke wären. *Zeit* füreinander, so waren wir uns einig gewesen. Ein Stein vom Kristall-Heilmineral-Fritzen auf dem Weihnachtsmarkt, exakt in der Augenfarbe der oder des Liebsten. Ein Monat definitive, unbedingte und ganz feste Treue, ohne drüber nachzudenken. Ein gemeinsames Abendessen mit einem Sechs-Gänge-Menü voller selbstausgedachter Rezepte – und seien sie noch so schräg. Ein Gedicht mit 25 Strophen, deren letzte Zeile sich immer auf *Claudia* reimt oder es zumindest versucht. Eine Woche lang die Hoheit über die Fernbedienung. Ein »Sei-bitte-still«-Joker für den nächsten Krach. Sich morgens nach einem wirklich wilden Abend in die Augen gucken und nichts sagen, nicht mal denken. Hundertmal ohne Grund in den Arm nehmen. Ein Gutschein für einen Barfuß-Spaziergang am Strand. Einen Stern nach der Liebsten benennen – egal, wie der offiziell heißt. Ein Kleid auch mal schön finden, selbst wenn es aussieht wie ein Kartoffelsack.

Moni hatte mich aus diesen Überlegungen gerissen. »Du kannst Claudia doch keinen Kompass-Schlüsselanhänger aus dem Ein-Euro-Shop ...« – hatte sie gerufen, und mit dem Entsetzen in ihrer Stimme hätte man die Duschszene in *Psycho* sehr vorteilhaft neu vertonen können. Ich hatte versucht, beruhigend zu klingen. »Claudia macht's ja auch so. Wir haben uns abgesprochen. Wir wollen ganz bewusst einen Kontrapunkt setzen: Indem wir den Einkaufsstress maximieren, setzen wir gerade ein Zeichen dagegen und drücken so unseren Protest ...« »Ach ja?«, hatte Moni nur gesagt und dabei geklungen wie mein Kühlschrank.

Damals hatte ich mir keine Gedanken darüber gemacht. Aber jetzt fiel mir plötzlich auf, dass Claudia neulich erstaunlich spät nach Hause gekommen war. Vorgestern hatte sie mir unter Androhung strengsten Liebesentzugs bis mindestens Ostersonntag verboten, ein Areal ihrer

79

Wohnung von den Ausmaßen Nordkoreas zu betreten. Ich hatte das darauf zurückgeführt, dass sie zu malen begonnen hatte, obwohl ich sie seither nicht einmal mit der Spur eines Farbklecks in den Haaren, geschweige denn einem Pinsel in der Hand ertappt hatte. Stattdessen stand nun zu vermuten, dass hinter der verbotenen Tür womöglich der Widescreeen-Fernseher stand, an dem ich vor Monaten einmal etwas langsamer vorbeigegangen war, als Claudia es von mir in Elektromärkten gewohnt war.

Mist! Mir wurde heiß. Noch *zwei* Tage! Ich setzte mich an den Schreibtisch. Rob empfahl sich in sein Studio und nahm die Weinflasche mit. Egal – ich brauchte sie nicht! Ich öffnete die Excel-Datei, in der ich seit letztem Heiligabend minutiös alle Andeutungen festhielt, die Claudia zu diesem und jenem Kleid, Schuh, Weißwein oder Wohnungs-Deko-Accessoire hatte fallenlassen – was etwas dauerte, es waren einige Megabyte – und verbrachte den Rest des Abends auf Webseiten, deren Geschäftsbedingungen zu entnehmen war, dass der Betreiber sich eher zu einem freiwilligen Arbeitseinsatz in Fukushima verpflichten würde, als irgendetwas zu spät zu versenden. Um zwei Uhr hatte ich auch meinen geplanten Ein-Stunden-Shopping-Run am Heiligen Nachmittag so durchorganisiert, dass er mich an vier Nippesläden, einer Edelboutique und zwei Einrichtungshäusern vorbeiführen würde – ich hatte dazu eine Software installiert, mit der sonst Fernfahrer ihre Routen planen. Jetzt musste ich nur noch verhindern, dass Claudia zufällig da war, wenn die Paketwagen kämen. Ich überlegte, ihr etwas ins Essen zu mischen – Arsen? EHEC-Gurken? Verdorbenen Fisch? Buchte uns dann aber bei einem Spezialisten für *wirklich* außergewöhnliche Geschenke einen Hubschrauber-Rundflug über das winterliche Leverkusen für läppische 1.018,-- Euro, klopfte an Robs Studiotür, steckte ihm mit einem kurzen, stichwortartigen Briefing 50 Euro zu und ging ins Bett.

Am nächsten Abend sah ich den Präsidenten des Einzelhandelsverbands in den Nachrichten. Er lächelte. Ich sank dankbar in meinen Sessel. Andi, Moni und ich hatten die Welt gerettet. Wieder einmal.

SIE HABEN POST!

Über Paketboten mit schlechtem Gewissen,
Zähneklappern am 18. Dezember,
Chateauneuf Du Pape und AC/DC.

»Du glaubst nicht, was man *da* für Geschichten erlebt«, sagte Roman. Eigentlich ein vor Lebensfreude sprühender Mann in den allerallerbesten Jahren, mit seinen – sagen wir: 50 ersten Adventen im Erfahrungsschatz noch so gut im Spiel, dass man meinen könnte, der liebe Gott hätte für ihn das Beste aus den Genomen von Mario Adorf, Götz George und Hardy Krüger zusammengesteckt. Jetzt stand er allerdings vor mir, mit einem vollen Haarschopf, der im schummrigen Party-Licht irgendwie grauer wirkte als sonst, in der Hand ein Glas Weißwein, so fest umklammert, als müsse er es vor irgendwas beschützen. Sein Blick war nach innen gerichtet wie bei einem Neunzigjährigen, der sich an den letzten Kuss einer Frau vor dem Weg an die Front erinnert. Aber ich verstand das. Ich stand neben ihm, nickte und hielt mein Glas ebenfalls fest, als könne es jeden Augenblick aus dem Fenster geweht werden. Roman war mal Paketbote, vor Jahren.

Okay – er war jung und brauchte das Geld … Und ja: Auch in anderen Berufen, etwa als Taxifahrer, Hirnchirurg oder meinetwegen Olli-Kahn-Double erlebt man zuweilen Dinge, über die man nur zu gerne den Mantel des Schweigens breiten möchte. Aber als *Paketbote* hat man allen anderen nun mal eine enorm prägende Erfahrung voraus: die Vorweihnachtszeit.

»Damals gab es die DDR noch«, erklärte Roman, »du glaubst nicht, wie viele *Christstollen* ich ausliefern musste, mit denen sich die Leute im Osten einmal im Jahr für ihre Westpakete bedanken wollten …«. Das C-Wort sprach er aus wie ein Bäcker mit Rosinen-Allergie. Und berichtete dann von den leeren Augen an und für sich in sich ruhender, bodenständiger Bürger seines Auslieferungsbezirks, in die er blicken musste, wenn er ihnen wieder einmal einen der typischen Kartons mit den immer gleichen Maßen in die Hand gedrückt hatte. »Nein, nehmen *Sie* ihn«, hieß es, »Bitte. Wir *können* nicht mehr. Wir haben schon *neun*. Wirklich …«

Roman stürzte den Inhalt seines Glases herunter. »Ich mag aber *auch* kein Zitronat«, sagte er und umklammerte sein Glas noch fester. Ich staunte, was dieser spröde Werkstoff aushielt, in dem sich gerade das Licht der vielen Kerzen im Raum brach. Wir standen im Atelier eines Künstlers aus der Region, den Roman ziemlich gut kannte. An der Wand hingen seltsame Dinge aus rostigem Metall, die ein wenig beängstigend gewirkt hätten, hätte nicht jemand hier und da ein paar rote Lichterketten drumherum gewunden. Vielleicht gehörten sie auch dazu. Eine Skulptur in der Mitte des Raums – zwei nebeneinander stehende Quader, der eine aus rostigem Stahl, der andere augenscheinlich aus purem, poliertem Gold, verschwand fast unter Millionen von Papptellern, die die Leute darauf abgelegt hatten. Der Künstler, ein stabiler Typ mit viel zu engem T-Shirt, groben Händen, Charles-Bronson-Bärtchen und einer blinkenden LED-Nikolausmütze, kam vorbei und legte noch zwei dazu. Aus den Boxen einer alten Stereoanlage klimperte *Last Christmas*.

»Und dann dieser alte Herr, der vom ersten Dezember an jeden Tag ein Paket bekam ...« Roman blickte mir tief in die Augen. Erzählte weiter: »Er hat es immer in meiner Gegenwart aufgemacht.« Das erste war noch lustig: Eine Platte eines bekannten Schlagersängers mit Sonnenbrille und Betonfrisur – zur erfolgreichen Auslieferung gab's einen Doppelkorn. Oder auch zwei. Oder drei. Zum zweiten Paket auch.

Dann kam das dritte. Das vierte. Was drin war? »Ach, längst vergessen«, murmelte Roman. Nur die Doppelkörner, die konnte er *nicht* vergessen. Hauahauahe! Paket Nummer fünf, sechs, X, n+1 ... Irgendwann fing Roman dann an, die Dinger zur Seite zu legen: zwei, drei, vier – erstmal in den Schatten ganz hinten im Regal damit, um dann am Ende nur noch einmal die Woche mit einem ganzen Arm voller braun eingeschlagener Goodies die Klingel zu drücken: Lieber die Post in Verruf bringen, als 24 Tage am Stück blau am Steuer sitzen, hatte er sich gedacht. An diesem Abend schämte er sich ein wenig dafür. »Ist ja klar«, sagte er: »Die Tochter lebte in Amerika. Die konnte nicht selbst vorbeikommen. Mit den Paketen bekam ihr alter Herr aber jeden Tag Besuch. Man hat als Paketbote ja auch eine soziale Funktion«, meinte Roman. »Verstehst du?«

Nun – er hat's überstanden. Was im Nachhinein dagegen durchaus verwundern kann, ist die bemerkenswerte Planungskompetenz der Absenderin. Denn wenn es *etwas* gibt, dass zu Weihnachten gehört wie *Spekulatius praecox* und Glühwein, ist es die jährliche Warnung sämtlicher auch nur am Rande auf Leser-Mehrwert fokussierten Print-Produkte: *Bis wann muss ich mein Päckchen zur Post tragen, damit es beim Empfänger am Heiligen Abend unter dem Baum liegt?* Bei DHL, so erfährt man, können Päckchen in fernere Länder durchaus bis zu drei Wochen unterwegs sein, bis der Postmann klingelt, um Weihnachten herum sogar noch länger. Wer also nicht an den Weihnachtsmann und seinen Hyperraum-Rentierschlitten glaubt und ganz, ganz sichergehen will, sollte besser materialistisch denken und – laut *test.de* – 28,80 Euro für einen Premium-Zuschlag auf den Tresen legen. Aber Obacht: Selbst mit diesem tiefen Griff ins Portemonnaie kann schon am zehnten Dezember alles zu spät sein: Wem etwa am 11.12. einfällt, dass man dem Schwiegersohn zum Beispiel in Brisbane, Australien, doch noch einen Christstollen schicken könnte, hat Pech gehabt – es sei denn, man erklärt das Gebäck kurzerhand zum Neujahrskuchen. Zwei Tage später fällt sogar für den Cousin in England der bischofsrote Vorhang, und ab 18. Dezember hilft nicht einmal mehr der Premium-Zuschlag, wenn der Inhalt des Pakets etwa in Madrid pünktlich neben der traditionellen Festtags-Tafel liegen soll. Obwohl Spanien in diesem Zusammenhang vielleicht ein schlechtes Beispiel ist, denn hier beschert man sich traditionell erst am 6. Januar, dem Tag der Heiligen Drei Könige. Leute mit Freunden im Reich König Carlos' haben daher etwas mehr Zeit, auch wenn mehr und mehr Spanier gemeinerweise dazu übergehen, ihren Kindern die Geschenke doch schon am 24.12. zu überreichen.

Schade, denn ähnlicher Zulieferdruck wie bei der gelben Post ist längst auch bei den anderen einschlägigen Logistik-Anbietern zu vermelden: Die Szenen, die sich zwischen dem 15. und 17. jedes Weihnachtsmonats an bundesdeutschen Paketannahmestellen abspielen, dürften denen im Umfeld universitärer Fakultäts-Briefkästen ähneln, wenn die Deadlines für die Abgabe der Diplomarbeiten nahen: Heulen, Zähneknirschen, heisere Stoßgebete und tränenerstickte Dankes-Adressen an das sich im besten Falle großmütig zeigende Personal. Zusammengefasst: 24 Pakete derart zielgenau auf die Reise zu bringen, dass jeden Tag eines davon ins Schwarze trifft, stellt ernste logistische Aufgaben im Rahmen zahlreicher, Abendnachrichten-tauglicher UNO-Programme in den Schatten.

Trotzdem tat mir Roman ein wenig leid. Was für eine verkorkste Jugend! Ich suchte eine Flasche Grauburgunder, wurde hinter einem Teller mit unberührtem Dresdner Stollen fündig und schenkte ihm und mir etwas nach.

»Hast du eigentlich schon deine Weihnachtskarten zusammen?«, fragte ich Roman. Er zuckte nicht einmal, ging aber die Weinflasche holen. Ich verstand auch das: Wenn sich tatsächlich einmal eine außerirdische Zivilisation für uns Erdlinge interessieren und sich zufällig die Weihnachtszeit für eine ausführliche Feldstudie aussuchen würde – sie dürfte den Eindruck bekommen, dass wir Buchdruck, Postwesen, Blattgoldproduktion und wahrscheinlich auch Malerei nebst Fotografie nur zu dem Zweck erfunden haben, einander in der dunklen Jahreszeit unserer Zuneigung zu versichern. Nicht nur Paketboten müssen im letzten Monat des Jahres im Vergleich zu gewöhnlichen Zeiten das Dreifache stemmen, auch die Zahl der Briefe steigt um den Faktor zwei. Das bringt sogar das Christkind in die Bredouille: 2008 war zu erfahren, dass nur Wunschzettel, die bis 16.12. mit der Adresse *An*

das Christkind, 51777 Engelskirchen im übervollen Briefkasten um die Ecke Platz finden, beantwortet werden konnten.

Wer jetzt an den Weihnachtsmann denkt: Der ist zwar auch per Post zu erreichen (*An den Weihnachtsmann, 16798 Himmelpfort*), hat aber auch nicht mehr Zeit. Seit man aufgrund der wachsenden beruflichen Mobilität nicht mehr bloß zwei Treppen steigen muss, um der Oma adventliches Glück zu wünschen, ist aus dem fröhlichen Weihnachtsbrief von früher eine Art logistischer X-Mas-Notstand geworden, Aushilfsjobs für Gelegenheits-Zusteller und Urlaubssperre für das Stammpersonal inklusive – unter anderem verursacht durch ungewohnte Handarbeit in den Briefzentren, denn die computerlesbaren Strichcodes, die die Sendungen sonst vollautomatisch ins richtige Körbchen leiten, bleiben auf den roten Weihnachtspost-Umschlägen fürs Rechnerauge unsichtbar.

Dabei ist längst nicht jeder glücklich mit dem, was ihm da in den Briefkasten gesteckt wird, selbst wenn es sich ausnahmsweise einmal nicht um Werbemüll handelt. Wer immer das ganze Jahr über nur am Computer gesessen und nicht mal Einkaufszettel von Hand geschrieben hat – im Advent greift er zum Kuli und beschriftet sattfarbene Papierbögen mit kaum zu entziffernden Hieroglyphen. Und erwartet Antwort.

»Letztes Jahr habe ich einen wichtigen Kunden vergessen«, sagte unvermittelt ein Typ, der zufällig an unserem Tisch vorbeischneite. »Ja«, seufzte Roman, »ich hatte mir auch eine Liste der wichtigsten Adressaten gemacht, aber ich kann einige Namen nicht mehr lesen. Das wird mich einige Kunden kosten.« Er nestelte nervös an einem Aschenbecher herum. Wir stöhnten gemeinsam auf, fanden das aber nachvollziehbar – bei dem Schrecken, den eine Weihnachtspostkarte aus Schottland bei mir ausgelöst hatte, erhalten *einen einzigen Tag*, bevor es für die Antwort zu spät gewesen wäre, hielt ich es für nachvollziehbar, wenn einfühlsamen Naturen bei diesem Thema die Hände ins Zittern gerieten.

»Es soll Leute geben, die sind deswegen aus der Kirche ausgetreten«, sagte ich. »Die haben es gut, sie müssen nur noch Neujahrskarten verschicken«, meinte der Typ, der jetzt nach unserer Flasche griff und sich als der Klaus vom Atelier nebenan vorstellte. »Die können in Ruhe abwarten, was Weihnachten so alles kommt. Und dann gezielt reagieren.« »Aber wenn das *alle* machen …«, stammelte Roman wie ein Superstar-Kandidat, der von Dieter Bohlen nach seiner musikalischen Vorbildung gefragt wird, und es war zu befürchten, dass er das nicht nur aufgrund einer engen kirchlichen Bindung hervorbrachte. »Dann gibt's ja immer noch Ostern«, sagte Klaus.

Wir beschlossen, das ebenfalls naheliegende Thema angemessener Kunden-Weihnachtspräsente *nicht* zu berühren, nachdem Klaus seinen Blick über das Etikett der inzwischen geleerten Flasche streifen ließ und berichtete, dass er einmal kistenweise *Chateaueuf Du Pape*, Jahrgang 2008, verschickt hatte und von einem besonders raffinierten Auftraggeber einen Tag nach Paketannahmeschluss zwei Flaschen derselben Provenienz zurückbekam – von 2007. Wir nickten und machten mit Bier weiter. Nur eine Sache tröstete uns: Die Zahl der Weihnachtskarten, die einem *Stille Nacht* aus einem Wegwerf-Piezo-Lautsprecher entgegenknarzen, wenn man den Umschlag öffnet, war massiv zurückgegangen – die waren inzwischen von bunten

Flash-E-Mails gefressen worden. Es war also nicht alles schlechter geworden.

Wieder zu Hause, sichtete ich die Briefe, die der Postbote vor meinem mit Bauschaum abgedichteten Briefkasten abgelegt hatte, ließ alle roten Umschläge unauffällig im Mülleimer verschwinden und setzte mich noch kurz vor den Rechner, um meine elektronische Post zu checken. Ich hatte sechzehn X-Mas-Mails, davon zwölf behäbig animierte Filmchen, die mit *O Tannenbaum* in einer eher mäßigen Instrumentierung aus dem Soundkarten-MIDI-Synthesizer unterlegt waren.

Ich wartete geduldig ab, bis sie komplett durchgelaufen waren und der Screen mit den persönlichen Grüßen des Absenders auftauchte, damit sich mein schlechtes Gewissen in Ruhe zu voller Blüte entfalten konnte. Nach zwei Stunden war ich durch, schleppte mich ins Bett und träumte von Roman, der mir in Paketboten-Uniform eine Kiste 1978er *Chateauneuf Du Pape* vorbeibrachte, die wir bei einem voll aufgedrehten AC/DC-Konzert leerten.

FLORIDA, MY FLORIDA

*Über Nordmann-Tannen und ein Weihnachts-
lied für Atheisten – und wie aus dem
Paradies- der Christbaum wurde.*

»*Das ist nicht dein Ernst jetzt?*«, fragte Claudia. Ich sagte nichts, sondern beobachtete lieber ein paar halbe Sekunden lang den feinen Schneegriesel, der auf ihren Schal niederrieselte. Am Horizont lupfte gerade eine müde Sonne die Wolkendecke, um darunter nach dem Rechten zu sehen. Claudia wirkte in diesem Licht wie ein Stück Holzkohle, das ganz still vor sich hin loderte. Was ja auch ein wenig stimmte: Sie war sauer. Die Sache war jahrelang eindeutig schiefgegangen.

Wir standen neben einem dieser improvisierten Zäune, die man im Allgemeinen nur um U-Bahn-Baustellen oder eben Weihnachtsbaum-Verkaufsständen findet. Viel Zeit, über brennende Haare oder bohrende Blicke nachzudenken, hatte ich nicht: Der Typ hinter dem Zaun, der sich bis eben noch die Hände an einem kleinen Holzofen neben seinem Bauwagen rieb, hatte mich entdeckt. Kein Wunder: Die Reihen der Tannenbäume, die eigentlich an dem Zaun lehnen müssten, waren arg gelichtet. Es war spät. Auch im Jahr. Nur: Eben hatte Claudia mit strahlender Beiläufigkeit gesagt: »*Eigentlich* wäre so ein Baum doch auch mal …« Weiter hatte ich nicht zugehört. »Aber …«, hatte ich gestammelt, »wollt' ich ja, aber *du* fandst die doch immer …«. Claudia hatte mich einen Moment angesehen wie jemand, der jetzt *ganz schnell* eine Sauerstoffflasche gereicht haben möchte. »Das ist nicht dein Ernst jetzt?« Ich sah Claudia an. Claudia sah den Verkäufer an. Der Verkäufer sah erst mich, dann Claudia an. Dann nickte er. »Kommense ruhig rein, ich hab' noch viele schöne da …«

Okay, *das* war eine Untertreibung, die selbst Saddam Husseins Pressesprecher (»Es gibt keine amerikanischen Panzer in Bagdad«) nicht besser hinbekommen hätte: Was der Wettergott zwei Tage vor Weihnachten noch gnädig unter einigen Zentimetern Schnee zu verstecken suchte, war ungefähr so aufregend wie die Weltnachrichten kurz vor einem Kinoabend mit der Liebsten. Das letzte Aufgebot. Trostlos wie Stalingrad, nachdem der letzte Flieger raus war. Diese Bäume gehörten in die Kategorie *im Sportunterricht immer als Letzter in die Fußballmannschaft gewählt*: schiefe, unförmig ausgetriebene Gewächse ohne Spitze, zum Teil mit halbseitiger Nadelglatze. Wären sie Menschen, wären sie linkisch, hätten Pickel und würden sich mit Computern auskennen. Schlagartig verstand ich, was für ein genialer Marketing-Gag hinter Gattungsbezeichnungen wie *Königs-* oder *Nordmann-Tanne* steckte – sie waren das Letzte, das dieser abgehalfterten Menagerie einen Rest Glanz, ja: vielleicht sogar Würde verlieh. Selbst als *Prinzentanne* oder gar *Potsdamer Fichte* hätten diese Gewächse es schon deutlich schwerer gehabt.

Ich senkte mein Haupt. Ein älteres Paar kam uns entgegen. Beziehungsweise eine Thatcheralike-Dame, die einen kräftig untersetzen Herrn mit 80%-Glatze und müden Augen hinter sich herzog wie ein Vierjähriger seine Spielzeugente. »Großer Gott! Bei Rudis Resterampe kriegen wir für zehn Euro schönere«, hörte ich sie sagen. »Und du wolltest *wirklich* immer einen haben?«, fragte ich Claudia. »Warum hast du mir das nie gesagt?« »Ich dachte, du fänd'st Tannen zu spießig …«, sagte sie, und ich war nicht sicher, ob die Abendsonne oder irgendein Gedanke sie erröten ließ.

Wir haben uns Mühe gegeben. Auf die Größe komme es ihr nicht an, hatte Claudia gesagt, also schliffen wir irgendwann eine Art *Glöckner von*

Notre Dame unter den verbliebenen Exponaten zum Kassenhäuschen, wo uns der Mann mit an den Fingerspitzen abgeschnittenen Handschuhen und aufgepuffter Daunenjacke schon erwartete. »Gute Wahl«, meinte er, ohne unserer Trophäe auch nur einen Blick zu gönnen, während er das geschlagene Buschwerk in eine Zink-Röhre stopfte, um sie am anderen Ende in ein feines Netz zu bugsieren. Sofort wusste ich, wie sich eine Leberwurst in ihrer Pelle fühlen musste. Egal: Irgendwie wuchtete ich das Gebinde in meinen Kombi und war plötzlich froh, dass ich keinen Lamborghini Gallardo Spyder fuhr. Mein nächster Wagen würde ein Traktor sein.

Etwa fünf Minuten, nachdem wir das Paket in den zweiten Stock geschleppt hatten, wusste ich, warum das Ding so schwer war: Als ich das Netz aufschnitt, ergossen sich gefühlte zweihundert Liter Wasser in mein Wohnzimmer – die Reste der etlichen Kubikmeter Schnee, die sich in den letzten Wochen in den schütteren Zweigen des Baums festgesetzt hatten. Während Claudia sich nach Lappen und Eimer umsah, betrachtete ich unseren neuen Mitbewohner. Na prima. Einen echten Naturburschen hatte ich mir da ins

Haus geholt! Allerdings einen, der das, was ihm in Punkto Höhe fehlte, in Sachen Breite locker, sogar lockerst, wettmachte: unmöglich dran vorbeizukommen. Und ich stand auf der falschen Seite des Raums … Die kommenden Tage bis Silvester würde ich auf Lebensmittelspenden angewiesen sein! Stattdessen reichte mir Claudia aber zunächst einen zweiten Satz Handtücher, um des Mini-Niagarafalls aus den Zweigen unseres neuen Hausgenossen Herr zu werden. Als ich ihr die durchtränkten Lappen zurückreichte, fragte ich mich, wo ich heute Nacht schlafen würde.

Wer als Erster auf den Gedanken gekommen ist, sich eins dieser nadelnden Ungetüme in die weihnachtliche Stube zu stellen, liegt im Dunkel der Geschichte. Er muss vor über 600 Jahren gelebt haben und dürfte nicht eben dumm gewesen sein – oder andersherum: Heute hätte er mit dieser Idee viel Geld verdienen können. Denn bei Weihnachten geht es schließlich um die Themen Geburt und (ewiges) Leben – und den Leuten inmitten der winterlichen Kahlnis eine Tanne als Symbol für Unsterblichkeit zu präsentieren, ist in etwa so genial, wie ein Pferd

in das Markenzeichen eines Autoherstellers aufzunehmen. Damals war die Kirche dem Vernehmen nach allerdings gar nicht so arg glücklich mit ihrem neuen Markenzeichen – angeblich, weil die Leute die Idee am Ende *derart* einleuchtend fanden, dass sie irgendwann in Massen mit dem Beil in der Hand in die Wälder zogen und junge Tannen in die Dörfer schleiften. Der Kirche gehörte damals *viel* Wald …

Der *eigentliche* Grund dürfte aber gewesen sein, dass man in Bischofskreisen schlicht die Krippe für das passendere Weihnachts-Symbol hielt; deshalb kam in Rom auch niemand auf die Idee, aus der Not eine Tugend zu machen und selbst Bäume zu verkaufen. Schade: Man hätte sich den Ablasshandel und damit womöglich die Reformation ersparen können. Trotzdem: Tannenbäume passen *derart* gut zu Weihnachten, dass man sich fragen kann, was Familienväter mit ihrer Zeit angefangen haben, *bevor* es diese Ungetüme zu schmücken galt. Tatsächlich setzte man auch vor der Erfindung des Weihnachtsbaums auf Immergrünes, allerdings eher eine Nummer kleiner: Wer in Vor-Christbaum-Zeiten in X-Mas-Stimmung kommen wollte, hängte zum

Beispiel Stechpalmen, Mistel- oder Eibenzweige auf. Die alten Römer griffen sogar zu Lorbeer, der piekt nicht und ist auch grün.

Apropos pieken: Es ist eine der schönsten Paradoxien des Alltags, dass die *Nordmann-Tanne nicht* deshalb zum beliebtesten Advents-Begleitgrün der Deutschen zählt, weil sie an stolze Wikinger erinnert, sondern weil sie schlicht und einfach weniger piekt als andere Nadelhölzer – und damit den ungehobelten, langhaarigen Nordmännern, die Europas Küstenbewohner in Angst und Schrecken versetzten, kaum ferner stehen könnte. Allerdings hat sie ihren Namen auch nicht von rauen nordischen Seeleuten, sondern von einem finnischen Botaniker namens *Alexander von Nordmann*, der in der ersten Hälfte des 19. Jahrhunderts bei einer Kaukasus-Expedition auf den Baum gestoßen ist. Der Baum hat also Glück, dass er nicht – zum Beispiel – von einem Entdecker namens *Aloisius von Narren* erstmals dokumentiert wurde – als Narren-Tanne hätte er auch mit butterweichen Nadeln keine Chance gehabt.

Der angeblich allerallererste deutsche Weihnachtsbaum soll Anno Domini 1419 in Frei-

burg aufgestellt worden sein. Er muss mächtig Eindruck gemacht haben: Seine Nachfolger wurden derart beliebt, dass sich ein Dichter namens *Melchior Frank* schon 100 Jahre später den Schlager *Ach Tannenbaum* abrang, aus dem nach Überarbeitung der Lyrics durch den Leipziger *Ernst Anschütz* der Weihnachts-Überhit *O Tannenbaum* (oder im westfälischen: O Tannebaum) wurde, den, anders als *Stille Nacht, heilige Nacht* heute sogar eingefleischte Atheisten voller Inbrunst mitschmettern können – und dies auch gerne tun.

Songzeilen über das Talent gewisser Pflanzen, im Winter grün zu sein, waren allerdings auch nichts ganz Neues: Versgut ähnlichen Inhalts ist schon aus der zweiten Hälfte des 16. Jahrhunderts überliefert. Aus demselben Jahrhundert soll daher auch die Melodie für unseren Tannenbaum-Song stammen – allerdings soll man dazu damals noch die Zeilen *Es lebe hoch der Zimmermannsgesell'* gesungen haben. Aber, Hand aufs Herz: Die Notenfolge ist auch so herzerfrischend simpel, dass sie kaum die Schaffenshöhe eines Bohlen-Songs erreicht – was durchaus nicht ehrenrührig ist, wenn man weiß, dass auch be-

liebte Stadiongesänge in den Fußballarenen der Republik den kompositorischen Gesetzen bekannter Kirchenlieder folgen: Beliebtheit spricht durchaus für Genialität! Vielleicht auch deshalb hat es in den vergangenen Jahrhunderten immer wieder Umdichtungen des Tannen-Songs gegeben, zum Beispiel *O Tannenbaum, der Kaiser hat in' Sack gehaun'*; auch die Hymne des US-Staats Maryland erinnert verdächtig an den musikalischen Duktus des deutschen Weihnachtslieds, wie auch *Florida, my Florida*, oder dasselbe Lied mit *Michigan* im Text – unter anderem!

Aber zurück zum ersten Weihnachtsbaum – 1419, immerhin 73 Jahre vor der Entdeckung Amerikas, steckte man natürlich noch keine Leuchtmittel in die Äste mit den treuen Blättern, dafür allerdings Nüsse und Früchte – von denen die Kinder jedoch erst Silvester naschen durften. *Lametta* kam gar erst Ende des 19. Jahrhunderts dazu – angeblich, um glitzernden Schnee zu imitieren. Auch *Christbaumkugeln* hängte man erst Mitte des 19. Jahrhunderts an die Äste – auf die Idee soll angeblich ein armer Glasbläser gekommen sein, der sich die damals üblichen Baumschmuck-Äpfel nicht leisten konnte. Diese Früchte wiederum hängte man nicht nur an die Zweige, weil man sie anders als zum Beispiel Pflaumen halbwegs gut über den Winter bringen konnte, sondern weil sie die Gläubigen an die Vertreibung Adams und Evas aus dem Paradies erinnerten: Im Mittelalter gehörten sogenannte *Paradiesspiele* zur Weihnachtsmesse, deren wichtigstes Requisit ein apfeltragender *Paradiesbaum* war. Anschließend führte man vor dem weithin des Lesens unkundigen Volk die Geburt Christi auf; oft blieb der Baum dann einfach im Hintergrund stehen und gehörte irgendwann eben zur Geburt Jesu wie Ochs und Esel. Ganz nebenbei erinnerten die roten Äpfel vortrefflich an das Blut, das Christus einmal vergießen würde – später wand man daher auch Schleifen in derselben Farbe um die Äste. Heute zieren sie Geschenke-Kartons mit Killerspielen drin.

Eine Weile blieb der Weihnachtsbaum trotz allem eine deutsche Eigenart. Man mag es kaum glauben, aber es dauerte durchaus etwas, bis die ersten Exemplare auch in anderer Herren Länder gesichtet wurden. Am österreichischen Hof, in Prag, in Dänemark, Norwegen und Russland

etwa sollen die ersten erst um 1820 aufgetaucht sein, auch der Sprung über den Kanal wird auf dieses Jahr datiert. Er wird sentimentale Gründe gehabt haben, schließlich hatte Queen Victoria mit Prinz Albert einen deutschen Gatten. Am französischen Hof soll es sogar bis Ende der 1830er-Jahre gedauert haben, bis die ersten Zimmermädchen mit einem nadelnden Gewächs im Spiegelsaal konfrontiert wurden – und auch hier dürfte wieder eine Deutsche die Hände im Spiel gehabt haben: *Helene*, Tochter des Erbprinzen Friedrich Ludwig von Mecklenburg-Schwerin, die 1837 den französischen Thronfolger heiratete und so zwar zur Herzogin von Orléans wurde, aber Weihnachten deshalb noch lange nicht ohne Baum feiern wollte.

Auch ins demokratische Amerika brauchte der Brauch etwas länger – die Idee mit den Tannen soll entweder von einem deutschstämmigen Harvard-Professor (1832) oder elsässischen Auswanderern in die Neue Welt getragen worden sein (1861). Auch wann sich der erste Präsident dafür interessierte, ist nicht ganz klar: Je nach Quelle soll der erste Christbaum vor dem Weißen Haus entweder 1891 oder 1923 aufge-

stellt worden sein. Dafür können die Amerikaner das Einschalten der Festbeleuchtung heutzutage im Fernsehen verfolgen. Egal: Nach dem präsidentiellen Segen scheint es mit dem immergrünen Nadelholz auch in den Staaten rasant vorangegangen zu sein: Schon 1928, noch zu Stummfilmzeiten, drehten *Stan Laurel* und *Oliver Hardy* ihren Kurzfilm *Big Business*, in dem sie versuchen, einem wie immer brillanten *James Finlayson* im sonnigen Kalifornien einen Christbaum zu verkaufen.

Heute sind geschmückte Weihnachtsbäume aus der US-amerikanischen Folklore nicht mehr wegzudenken – in den Staaten gibt man sich sogar die größte Mühe, regelmäßig den schönsten Weihnachtsbaum der Welt vorzeigen zu können: Allein die Exemplare, deren Beleuchtung in New York Jahr für Jahr angeschaltet wird, sehen aus wie direkt vom namibischen Nachthimmel gefallen. Und damit auch ja niemand einen *größeren* haben kann, erklärte man kurzerhand einen 82 Meter hohen Mammutbaum im Sequoia National Park zum *Nation's Christmas Tree*. Dagegen wirken selbst der Baum, der 2005 im Rheinischen Freilichtmuseum in der Eifel zu bewundern war

(36 Meter) und sogar die 120 Jahre alte, 33 Meter hohe Fichte, die der Papst 2008 auf dem Petersplatz aufstellen ließ, wie Krüppelkiefern.

Stolz auf den mutmaßlich größten Weihnachtsbaum *Deutschlands* ist man seit ein paar Jahren regelmäßig in der Ruhrgebiets-Stadt Dortmund: Das Objekt ist über 40 Meter hoch und beansprucht eine Grundfläche von etwa 400 Quadratmetern, besteht allerdings nicht aus einem einzelnen Baum, sondern aus fast 2.000 Rotfichten, die über vier Wochen hinweg von fleißigen Helfern zu dem Über-Christbaum zusammengesteckt werden. Die Spitze des Ensembles krönt ein vier Meter hoher Engel, der samt Heiligenschein und Tröte in Sachen Gewicht dem Ex-Leverkusen-Manager Rainer Calmund Konkurrenz machen könnte – und 200 Kilo wollen in dieser Höhe erst einmal fixiert sein.

Dabei sind Weihnachtsbäume im Freien gar nichts soo Besonderes. Als sogenannte »Weihnachtsmaien« waren sie bis Anfang des 19. Jahrhunderts sogar völlig normal und standardmäßig eher Mittelpunkt bzw. Kulisse prächtiger Umzüge und Märkte als Blickfang in der guten Stube – bis manche Entscheider im Zuge der

Aufklärung in allzu viel derartigem Weihnachts-zauber Aberglaube am Werke sahen und dem festlichen Treiben im öffentlichen Raum die Rute zeigten. Also machten sich die Christen aus dem knalligen Outdoor-Weihnachten kur-zerhand ein stilles Familienfest und zogen mit kleineren Ausgaben des schönen Weihnachts-Maibaums ins Wohnzimmer. Bemerkenswert ist allerdings, dass die ersten Familien-Weihnachts-bäume nicht im Zimmer *standen*, sondern an die Decke gehängt wurden – womöglich, damit man besser drunter fegen konnte.

Dass es so lange dauerte, bis der Christbaum zum Mittelpunkt deutscher Weihnachts-Heimeligkeit wurde, könnte aber durchaus noch einen wei-teren vernünftigen Grund haben: Bis zur Erfin-dung des Stearins bzw. Paraffins musste Wachs noch Bienen weggenommen oder mühsam aus anderen tierischen und pflanzlichen Quellen gewonnen werden. Entsprechend teuer war die-ser Rohstoff. Und Kerzen, die man zum Beispiel aus Hammeltalg herstellte, rochen alles andere als festlich. Egal – ist ja gutgegangen: Allein wir Deutschen laden uns Jahr für Jahr Christbäume für fast 30 Millionen Euro auf den Rücken. Bevor eine typische, etwa zwei Meter große Nordmann-Tanne beim Händler am Zaun lehnt, musste sie in ihrer Schonung mindestens zehn Jahre in die Baumschule gehen beziehungsweise vor sich hin wachsen – trotzdem gibt es Weine, für die man nach einer ähnlichen Zeitspanne im Winzerkeller deutlich weniger auf den Tisch legen muss.

»Sag mal, warum hängen wir den nicht *auch* an die Decke?«, fragte ich. »Ist das denn … ja, darf man das überhaupt?«, fragte Claudia. »Ein Kreuz kannste ja auch nicht einfach so verkehrt herum aufhängen …« Ich dachte eine Weile darüber nach. Dann schaffte ich es mit Claudias Hilfe, ein paar Zweige derart zu verbiegen, dass ich unter dem Baum in den bewohnbaren Teil der Wohnung durchrobben konnte, wie ich es mal in *Platoon* gesehen habe. Vielleicht sollten wir darauf verzichten, unsere Geschenke hier zu verstauen, dachte ich, gut möglich, dass sie für immer verschollen bleiben … Bei meiner Expedition fiel mir allerdings auf, dass wir etwas ganz Wesentliches vergessen hatten: den Ständer! Unser X-Baum hielt sich nur deshalb aufrecht, weil er schlicht zwischen den Wänden festgeklemmt war. Respekt! Was für ein Raubein! Was für eine Persönlichkeit! Ich begann mich daran zu gewöhnen, das Wohnzimmer hinter dem Ding für die kommenden Tage abschreiben zu müssen, aber ohne Ständer konnte der Baum nicht bleiben, das ging *gar* nicht! Ein Weihnachtsbaum *gehört* in einen Ständer, dabei geht's ums Prinzip! Ich verbrachte eine lauschige halbe Stunde im Keller, bis ich endlich den Karton gefunden hatte. Kurz darauf hatte ich ihn in der Hand: den Christbaum-Ständer, den ich von meiner Großmutter geerbt hatte: ein grün emailliertes Gußeisen-Ding mit den Ausmaßen einer Kinderbadewanne, wahrscheinlich nach dem ersten Weltkrieg aus Kanonenrohren gegossen. An unserem Baum würde es trotzdem aussehen wie *Paris Hiltons* Pömps an den Füßen von *Beth Ditto*. Außerdem fehlte eine Schraube. Trotzdem klemmte ich mir das Ding unter die Arme und machte mich auf den Weg nach oben.

Dabei begegnete ich einem meiner Nachbarn, der eine Kiste von der Größe eines Schuhkartons durch das Treppenhaus balancierte. Auf dem Karton war eine Mega-Tanne abgebildet, die auch vor dem Adlon eine gute Figur gemacht hätte. »*Polypropylen*«, sagte er. »Da spart man *richtig* was! Steckste jedes Jahr flott zusammen und hast keine Nadeln.« »Schön«, sagte ich, »schön. Wirklich.«

Als ich meine Wohnungstür aufschloss, fiel mir sofort auf, dass mein neuer Gast es sich bereits gemütlich gemacht hatte: Das Wohnzimmer duftete wie ein Erkältungsbad. Ich strich vorsichtig über die weichen Zweige meines neuen Mitbewohners und goss etwas Wasser in den Ständer, den Claudia und ich ihm mit vereinten Kräften untergeschoben hatten. Ich wusste jetzt: Ich würde mich um diesen Baum kümmern, bis wir knietief in Tannennadeln waten würden und unser Nachbar seinen 08/15-Plastikbaum längst wieder normgerecht zerlegt und in seinem Karton verstaut hätte. »Irgendwo im Keller muss noch ein Karton mit uralten, knallroten Christbaumkugeln liegen«, sagte ich Claudia. »Und hässlichen, schnörkeligen, wackeligen Kerzenhaltern …«, fügte sie hinzu und legte ihren Arm um mich. Irgendwie spiegelte sich all dieses Zeug jetzt schon in ihren Augen.

DER BRAUSE-BISCHOF

Über den Nikolaus und seine Wandlung zum lustigen Opa – und warum das Christkind nicht auf die Rentier-Kutsche darf.

»He! So genau wollt' ich's nun auch nicht wissen«, maulte Rob. Dabei brauchte auch ich eine ganze Weile, mich wieder einzufangen, nachdem er mir so unverhofft wie ein Gewitter auf hoher See in diesem Outfit entgegengetreten war: Ein eins-achtzig-Schlaks in einem roten Bademantel, vor der Nase ein weißer Rauschebart, den er sich offenkundig aus einem Beutel Kosmetik-Watte gebastelt hatte. Von der eher schlumpf-denn würdenträgerartigen Mütze, die er sich gerade von seiner Beatles-Spätphasen-Matte riss, gar nicht zu reden. Jetzt stand mein Untermieter in meinem Flur wie ein Bobtail, dem man die Augen freirasiert hatte. »Vielleicht solltest du ... ich weiß nicht ... also, diese *Applikationen* ...«, stammelte ich, »also *mindestens* muss da schnell ein anderer Gürtel her.« »Ist ja noch nicht fertig«, antwortete Rob und hielt eine Tüte in die Höhe, die, soweit ich das beurteilen konnte, im wesentlichen Knackfolie enthielt, wahrscheinlich, um ihm zu einem nikolaustauglichen Schmerbauch zu verhelfen. »Ebay«, meinte er noch im Gehen, als ich ihn nach der Provenienz des Bademantels fragte, der mit seinen lila 80er-Jahre-Stickereien im Revers alles andere als erlesen aussah. Was mich nun wieder ein wenig wunderte, denn Nikolaus-Kostüme waren im Web schon für 9,99 Euro zu schießen – der Mantel musste also um *einiges* billiger gewesen sein, weshalb ich nicht sicher war, ob ich ihn an seiner Stelle jemals auch nur *angefasst* hätte.

»Und, was haste jetzt vor damit?«, fragte ich. Das Outfit, das Rob mir ein paar Tage später vorführte, wirkte in der Tat etwas elaborierter. Er hatte die Stickereien entfernt und dafür irgendwelche plüschigen Fellchen an den Ärmeln angebracht; sie wirkten, als hätten sich zwei weiße Kaninchen auf seinen Handgelenken schlafen gelegt. Hier und da baumelten goldene Fransen am Mantel, die verdächtig nach den Troddeln am Vorhang eines für seinen barocken Charme stadtbekannten Cafés aussahen. Darunter lugte eine rote Nicki-Hose unklaren Ursprungs hervor. Das *color-matching* dieser beiden Komponenten wie auch der Bommelmütze war noch nicht 100% optimal, aber unterm Strich würde er tatsächlich als präsentabler Weihnachtsmann durchgehen, wenn er es drauf anlegte, und eine andere Vermutung wagte ich nicht zu äußern.

Robs Füße steckten in meinen Gummistiefeln, die er mit einem Edding schwarz angemalt hatte. Sogar an weiße Handschuhe hatte er gedacht, und die Bauchgegend wölbte sich unter einigen Tonnen Verpackungsmaterial. »Kannst du mich morgen nach Köln fahren?«, fragte er.

»Denk nicht mal dran«, sagte Rob, als ich meinen TT nach gefühlten zweieinhalb Stunden Parkplatzsuche rund um den Dom endlich in eine Parkbucht in der Nähe des WDR-Vierscheibenhauses gezwängt hatte. Ich war gerade im Begriff gewesen, meinen Zündschlüssel abzuziehen. Ein paar Minuten lang versuchte ich Rob klarzumachen, dass ich wohl kaum an einem Adventssamstag um acht Uhr aus den Federn gestiegen war, um mich ihnen drei Stunden später, nach etwa 180 Kilometern am Steuer, wieder anzuvertrauen, ohne mir seinen Auftritt wenigstens in Auszügen angesehen zu haben. Unterwegs hatte ich nicht einmal aus ihm herausbekommen können, für *wen* er sich überhaupt in dieses Kostüm gezwängt hatte. Ich hatte zwar von Nikolaus-Agenturen gehört, bei denen man für ein paar Euro fünfzig die Stunde entsprechend verkleidete Studenten für diverse Anlässe von der Bescherung bis zum adventlichen Grillabend mieten konnte, war bisher aber davon ausgegangen, dass einem die Kostüme da gestellt wurden. Als wir das Bayer-Werk passierten, das trotz des frühen Morgens und eines schneeschweren, grauen Himmels aussah wie ein Weltraumflughafen zur Rushhour, blickte Rob mich an wie eine Glühbirne, die direkt nach dem Einschalten geplatzt ist: »Kostüme! Fuppes! Das ist doch eh alles *fake*, Mann!«

Da konnte ich natürlich nur zustimmen. Eigentlich hat der Weihnachtsmann mit Heiligabend so viel zu tun wie der erste Mai mit Ostern, *das* wusste ich wohl. Historisches Vorbild des freundlichen, dicken Mannes mit der Rotweinkennernase soll ja der Bischof *Nikolaus von Myra* gewesen sein, der in der ersten Hälfte des 4. Jahrhunderts in Kleinasien gelebt und sein Vermögen wie eine Art Sankt-Martin-Wiedergänger den Armen geschenkt hat – damals wie heute so ungewöhnlich, dass man sich am Namenstag des Mannes immer noch gerne daran erinnert. Offenbar war der Nikolaus bereits als Kind ein eher genügsamer Mensch gewesen:

Der Legende nach hat er an Fastentagen schon als Säugling nur *einmal* an der Brust seiner Mutter genuckelt – und auch dann vermutlich nur einen winzigen Schluck. Auch wenn man vermuten darf, dass Mutti Nikolaus einen womöglich nicht geringen Anteil am Zustandekommen dieses sogenannten *Säuglingswunders* gehabt haben dürfte: Es gibt eine Menge Legenden, die unserem Schokoladenmann eine Vielzahl weiterer Mirakel zuschreiben – unter anderem soll er Seeleute im Sturm gerettet, Korn vermehrt und ein zerstückeltes (und eingepökeltes!) Mordopfer zum Leben erweckt haben. Darum wird der gute Herr seit einigen Jahrhunderten sogar als Heiliger verehrt; etwa seit dem 6. Jahrhundert ist dies zumindest für die orthodoxe Kirche belegt; im deutschsprachigen Raum kam man laut Wikipedia etwa ab dem 10. Jahrhundert auf den Geschmack.

Apropos: Schoko-Nikoläuse soll es erst seit Ende des 19. Jahrhunderts geben, aber auch diese Idee hat wahrlich Früchte getragen: Inzwischen werden in Deutschland Jahr für Jahr rund 9.000 Tonnen Schokolade zu einigen Millionen Stück verarbeitet. Kein Wunder: Heute gilt der Nikolaus als einer der populärsten Heiligen der katholischen Kirche überhaupt – vielleicht einmal abgesehen von Johannes Paul II., und der ist bislang eigentlich »nur« selig. Mehr noch: Der Ex-Bischof ist Mitglied im außerordentlich elitären Club der Gottesnahen, die man auch außerhalb der katholischen Kirche kennt – zu denen neben JPII gerade noch der Plaketten-*Christopherus* und vielleicht dieser Bono-Typ *Franziskus von Assisi* gehören, der den Vögeln gepredigt hat und damit als erster Tierschützer gelten darf. Also: Wer am sechsten Dezember, dem Namenstag des heiligen Nikolaus, *keine* Schuhe vor die Tür stellt – in der Hoffnung, dass am nächsten Morgen etwas anderes drinsteckt als die Tageszeitung –, ist entweder Single, Material- oder gleich Atheist. Oder wohnt in Bari, der Hauptstadt des italienischen Apuliens: Dort feiert man das Nikolausfest schon am 9. Mai. Am Tage dieses Datums sollen dort im Jahre 1087 Schiffe gelandet sein, die die Gebeine des Heiligen an Bord hatten. Seither liegt er dort in der Kirche *San Nicola* und lässt sich ab und zu von freundlichen Pilgern verehren.

Wie der heilige Nikolaus vom guten Bischof, der Almosen verteilt, zum gutmütigen Weihnachtsmann wurde, ist hingegen eine ganz andere Geschichte. So wird der Kirchenmann auf alten Ikonen zwar durchaus mit Vollbart abgebildet, oft sogar mit Bischofsmitra versehen und in rote Gewänder gehüllt, in aller Regel jedoch schlank und eher asketisch, während seine moderne Ausgabe wirkt, als würde sie den Kindern die ganzen Süßigkeiten schon am ersten Dezember unter einer Autobahnbrücke wegfuttern.

Über die Wandlung vom schlanken Heiligen zum lustigen Opa mit Bommelmütze gibt es natürlich einige spannende Theorien. Die bekannteste geht davon aus, dass der europäische Sankt-Nikolaus-Feiertag quasi als blinder Passagier an Bord der ersten Einwandererschiffe nach Amerika gelangt ist. Vor allem in *Neu Amsterdam* an der amerikanischen Ostküste konnte sich der Brauch, Kindern zum Nikolaustag etwas zu schenken, festsetzen: In dieser Stadt, immerhin einige Jahre Verwaltungssitz der niederländischen Kolonie in der Neuen Welt, wurde der dazugehörige Heilige mit seinem holländischen Namen *Sinterklaas* gerufen. Daraus wurde später *Saint Claus* (»der heilige Claus«) und dann *Santa Claus*.

Natürlich war Sinterklaas nicht der Einzige, der sich mit der Zeit an einen neuen Namen gewöhnen musste: Auch *Neu Amsterdam* wurde umbenannt. Heute kennen wir diese Stadt als New York. Dass Einwanderer in den USA ihre Namen änderten, war sowieso nicht *ganz* ungewöhnlich. Aus *Zimmermanns* wurden ganz selbstverständlich die *Carpenters*, die *Schäfers* gewöhnten sich irgendwann daran, bei den Behörden als *Shafer* geführt zu werden. Den entscheidenden Kick hin zur heutigen, gar nicht mehr so klerikalen Gestalt des Weihnachtsmanns erhielt der Neue-Welt-Nikolaus dann mit einiger Wahrscheinlichkeit durch einen Grafiker des Coca-Cola-Konzerns, der die 30er- bis 60er-Jahre unter anderem damit zubrachte, Santa Cläuse in den einschlägigen Konzernfarben für Werbekampagnen zu zeichnen; als Model soll ihm dabei übrigens ein befreundeter Cola-Auslieferungsfahrer gedient haben. Damit war die Metamorphose perfekt – nicht nur in Sachen Outfit: Denn warum sollte jemand, der praktisch den ganzen Advent über von Plakaten lächelt, sich ausgerechnet am Heiligen Abend freinehmen – wo hier seine Expertise im Geschenke-Verteilen doch erst recht gefragt war? So verlagerte der Ho Ho Ho rufende Sonderling sein Haupttätigkeitsfeld mehr und mehr vom 6. Dezember auf den Heiligen Abend.

Nebenbei: Auch der Rentierschlitten, mit dem Santa Claus unterwegs ist, ist amerikanische Hightech von der Kajüte eines Raumschiff Enterprise: Es gibt Leute, die sich den Kopf darüber zerbrechen, mit wie viel Prozent der Lichtgeschwindigkeit *Santa Claus* unterwegs sein müsste, um innerhalb eines Abends Millionen Häuser anzusteuern und durch den Kamin zu entern. Da verlieren sogar Hochenergiephysiker den Glauben: Die Trägheitskräfte, die bei den Bremsmanövern auftreten, würden jedes moderne hightech-Material zu Nano-Staub zerbröseln lassen, und die nötigen Beschleunigungen würde Energien erfordern, die nicht einmal die Kernfusion im Innersten des größten Sterns der Galaxis liefern könnte.

Egal: Derart gewandelt und mit einem James-Bond-Schlitten ausgestattet, kehrte der gute Mann aus Myra in der ersten Hälfte des 20.

Jahrhunderts mit Bauch statt Bischofsstab und Mütze statt Mitra also ausgerechnet im Gefolge einer Brausemarke wieder nach Europa zurück – wo er allerdings offene Türen einrannte, denn in seiner Weichspül-Variante hatte der Weihnachtsmann durchaus Ähnlichkeit mit einer Gestalt, die als »Herr Winter« bzw. »Väterchen Frost« schon länger durch das deutsche Jahresend-Schrifttum streifte (»Im weißen Pelz der Winter / steht lang schon vor der Tür …«). Passte also letztlich doch noch ganz gut. Derzeit darf man sich ohnehin eher die Frage stellen, ob es überhaupt für alle Zeiten beim roten Mantel bleiben wird: Rund 25 Millionen Schoko-Nikoläuse kommen nach Angaben des Lebensmittel-Konzerns *Kraft Foods* heute bereits unter dem Namen einer beliebten Schololadenmarke auf den Markt und damit zumindest mit einem lila Sack daher.

Aber *any PR is good PR*! Wer kennt heute schließlich noch die Heiligen *Ignatius von Antiochien* oder *Sebaldus von Nürnberg*, um nur zwei von Hunderten zu nennen, die eine schlechtere Presse hatten? Trotzdem hat die massive Medienpräsenz des zum Ho-Ho-Ho-Mann mutierten

Bischofs eine Schattenseite: Sie hat letztlich dazu geführt, dass der eigentliche Hauptdarsteller des Weihnachtsfestes, der junge Jesus nämlich, von einem dicken Onkel mit roter Nase und Rentierschlitten an die Wand gedrückt wurde. Denn auf die Idee, auch das Jesuskind in der Krippe für Reklame zu missbrauchen, vielleicht in einer lila Windel, kam bislang zum Glück noch niemand. Dabei soll es Leute geben, die den Weihnachtsmann a) ohnehin für eine Art weichgespülten HERRN à la Sixtinische Kapelle oder b) für eine Opa-Version von Jesus Christus halten: Ostern und Christi Himmelfahrt sind ja von Weihnachten aus gesehen noch lange hin. Man darf gespannt sein, wie sich die Sache weiterentwickelt.

Eine Frage indes bleibt noch zu klären. Wie kommt es, dass sich am Heiligabend zwei so unterschiedliche Gestalten wie das Christkind und ein adipöser Scheinheiliger die Arbeit teilen – und der Bischof seine jungen Kollegin trotzdem niemals auf seinem Schlitten mitnimmt? Wir erinnern uns: Martin Luther was to blame. Er fand katholische Heilige so unnötig wie Kunstschnee am Nordpol und ergänzte das weihnachtsaktive Personal kurzerhand um das *Christkind*. Das sich hierzulande ja auch ganz gut bewährt hat und uns sogar auf Glühweinflaschen anlächelt. Aber das ändert nix dran, dass das blondgelockte Mädchen mit der Krone und der dicke Santa Claus quasi das Gegenteil von Ökumene sind. Und warum soll der Weihnachtsmann damit weiter sein als der Vatikan? Und dass das Christkind bei *der* Genese ein Fan des Reklame-Heiligen ist, der dem berühmten Kollegen gerne mal beim Rentierfüttern helfen würde, darf man bei aller christlichen Güte wohl auch nicht erwarten. Außerdem: So *ganz* ohne Begleiter ist der Nikolaus ja nun auch nicht unterwegs. Zumindest die Original-Variante, die am 6.12. gesichtet werden kann, die wird bekanntlich manchmal vom Kinderschreck *Knecht Ruprecht* oder dem *Zwarte Piet* begleitet. Nachdenkliche Leute fragen sich gelegentlich, warum diese Gestalt neben dem lieben Nikolaus so seltsam sinister wirkt wie *Henry Fonda* neben der strahlenden *Claudia Cardinale* in *Spiel mir das Lied vom Tod*. Die Antwort ist einfach: Der Knecht des Spekulatiusmanns hat es irgendwie *nicht* nach Amerika geschafft. *Den* haben wir behalten. Kein Wunder: Er soll schließlich eine Reminiszenz an den Teufel sein. Nikolaus und sein Knecht Ruprecht: Das ist mal Dialektik zum Anfassen!

Halten wir fest: Dank Coca Cola steht es zwischen Luther und Papst wieder 1:1. So weit, so gut, kann passieren. Trotzdem kann man es durchaus als Ironie der Geschichte sehen, dass der letztlich katholische Typ, der das evangelische Christkind von Platz eins der Wunschzettel-Adressaten verdrängt hat, ausgerechnet aus dem protestantischen Amerika über uns gekommen ist.

»Natürlich ist der Weihnachtsmann ein Fake!«, sagte ich. »Aber das ist *Superman* auch – aber du stehst hier mit einer roten Bommelmütze.« »Superman bringt keine Geschenke«, erwiderte Rob. »Der Weihnachtsmann denn?« »Zumindest glauben das alle.« »Ich nicht.« »Die Kinder aber.« Langsam dämmerte mir etwas. »Du bist gar nicht ... du *hast* gar keinen Auftraggeber! Du willst ... « Rob warf die Tür zu. »13 Uhr im Parkhaus bei *An Farina*. Oberste Etage.«

Gut. Abgesehen davon, dass mir diese Anforderung eine Facette unserer Übereinkunft eröffne-

te, über die ich mir beim Losfahren noch nicht völlig im Klaren gewesen war, fragte ich mich, ob ich Rob vielleicht früher nach seinen Beweggründen hätte befragen und dann womöglich positiv auf ihn einwirken sollen. Er blieb am Straßenrand stehen, bis ich mich wieder in den Kölner Verkehr eingefädelt hatte, was bedeutete, dass es für mich kein Zurück mehr gab. Er winkte nicht. Aber falls er erwartete, dass ich mich tatsächlich mit einem Besuch im Schokoladenmuseum begnügte, während er woanders kleinen Kindern die Weihnachtsmann-Lüge erklärte, hatte er die Rechnung ohne den Köbes (so heißen in Köln die Kellner, die Red.) gemacht! Okay, die Domstadt war nach dem Krieg vermutlich ganz bewusst mit dem Ziel wiedererrichtet worden, alle künftigen Nutzer halbwegs erschwinglicher Navigationssysteme wie Schlagerfans in einer Heavy-Metal-Kneipe erscheinen zu lassen – ohne jeden Plan nämlich –, aber nach einer Weile fand ich eine weitere Parklücke in einer pittoresken Seitenstraße, gerade einmal 2,8 Kilometer von der Innenstadt entfernt. Ich ließ die Tür meines Wagens zuschlokken, suchte und fand ein Café in der Nähe, mit beschlagenen Scheiben und einer rothaarigen Kellnerin, die mir mit einem Lächeln einen Cappuccino auf den Tisch stellte, noch bevor ich die Karte in die Hand genommen hatte. Ich blätterte ein wenig durch die ausliegenden Magazine. Ich hatte Zeit. Rob würde sich auch welche nehmen, ich kannte ihn inzwischen so gut wie meinen linken Pilgerschuh.

Irgendwann legte ich das Heft zur Seite, bezahlte, stand in aller Ruhe auf und machte mich auf den Weg. Ich hatte eine ungefähre Vorstellung davon, wo ich Rob finden würde – er würde seinen Auftritt keinesfalls in einer kleinen Nebenstraße verpuffen lassen. Ich erreichte die *Hohe Straße* und schritt sie vom Domforum aus in aller Ruhe ab. Vor einem Spielwarenladen in der Nähe des sogenannten »Pimmel-Brunnens« – der Kölsche ist zuweilen von einer markerschütternden Direktheit – entdeckte ich ihn.

Was ich sah, überraschte mich allerdings. Natürlich hatte ich damit gerechnet, dass er abwarten würde, bis möglichst viele Kinder um ihn herumstanden, bevor er sich den Bart herunterreißen und »Alles Lüge!« brüllen würde. Wenn er damit überhaupt noch jemanden von den kleinen Leuten beeindrucken konnte; Freunden von mir war es passiert, dass sie ihren fünfjährigen Sohn vorsichtig vom traurigen Geheimnis der Nichtexistenz des Weihnachtsmanns in Kenntnis setzen wollten, der aber nach dem Geständnis nur gelangweilt seine Geschenke einforderte. Er hatte seinen Vater schon Ostern im Garten beobachtet und für X-Mas einfach einen analogen Schluss gezogen. Egal: Rob stand jetzt inmitten einer halben Kindergartenklasse von Stöpseln, die jauchzten, wenn sie seine Glocke schütteln konnten und ihm am Ärmel zogen, um ihm eine Taube, etwas Tolles in einem nahegelegenen Schaufenster oder eine Hand voll Schneematsch zu zeigen. »He, wenn nicht jetzt, wann dann?«, fragte ich mich. Aber Rob ruhte in der Horde dick eingepackter Kids wie ein Clydesdale-Pferd in einem Rudel Jack-Russell-Welpen. Junge Mütter standen daneben und quatschten, zwei warfen ihm Blicke zu, die einen den Schneeregen und die Kälte vergessen lassen konnten wie ein milder Sonnenaufgang in der Toscana. Eine Verkäuferin mit roten Wangen, langen, zum Zopf gebundenen Haaren und rosa Wollkleid kam aus einem Laden und drückte Rob eine Tasse Kaffee in die Hand. Neben mir unterhielten sich zwei Frauen. »… und er macht das *einfach so*!«, sagte die eine, in einem Tonfall, als hätte mein Untermieter ihr eben ein paar Gucci-Pömps geschenkt. »Ja, der ist nicht mal *gebucht*, ich hab' da drüben gefragt, die wissen auch nicht, wo der herkommt. Die tun doch sonst alles, um die armen Kleinen …« Die Frau schüttelte den Kopf und warf Rob einen schmachtenden Blick zu. Als die Kinder-Horde samt der dazugehörigen Mütter verschwunden war, wartete Rob einen unbeobachteten Moment ab und prüfte in einem Schaufenster, ob der falsche Bart noch saß.

Pünktlich um eins stand ich am ausgemachten Treffpunkt bereit. Rob erschien in vollem Ornat, nur etwas zerrupft. Er wurde offenbar *nicht* von der Polizei verfolgt. »Wie ist's gelaufen?«, fragte ich. »Hmngrmpf«, grmpfte er. Ich warf den Gang rein und lotste uns der A3 entgegen. Kurz vor der Zoobrücke zückte Rob einige etwas lädierte Zettel und begann, eine Reihe von Nummern in sein Handy einzutippen. »Chantal«, nuschelte er, als ich versuchte, einen der Namen zu entziffern. »Dafür, dass du ihrer Tochter erklärt hast, dass es keinen Weihnachtsmann gibt?« Rob sagte eine Weile nichts. »Ihrem *Sohn*. Clemens heißt er.« Rob verfolgte mit den Augen eine der bunten Seilbahn-Gondeln, die die Autobahn querten. »Du hast gar nicht …«, sagte ich. Rob riss sich den Bart aus dem Gesicht, als wär's ein Dobermann, der ihm an die Kehle gesprungen war. »Nächste Woche nochmal?«, fragte ich. Rob steckte sein Notizbuch weg und sagte nichts. Ich schaltete das Radio ein.

MEHR LICHT

Über das Licht der Welt, den Lichterketten-Wahn und Weihnachten unter Palmen.

Ich solle ihn mir jetzt bloß nicht nicht in Badehose vorstellen, meinte Rainer. Ich legte den Hörer zur Seite und sah nach draußen. Kein Problem, wirklich nicht: Irgendwie war der zweite Advent herangerauscht, der Wald vor meinem Fenster sah inzwischen aus, als hätte jemand den Schnee-Nachschub für Nordost-Norwegen hier verloren; laut Radio war es zudem seit Tagen etliche Grade kälter als in Grönland – gestatten: der kälteste Dezemberanfang seit Erfindung der Wettervorhersage. Damit dürfte klar sein: Badehosen wären jetzt etwas für Leute, die auch an einer Überdosis Schlaftabletten Spaß hätten. Obwohl: Für Rainer wär's schon Okay – er lebte seit ein paar Jahren in Südafrika. Das bedeutet: 28 Grad im Schatten, wenn hier Winter ist. Caipirinha statt Glühwein. Wer ist eigentlich auf die Idee gekommen, das schönste christliche Fest ausgerechnet in die finsterste Jahreszeit zu legen? Gab es mal einen südafrikanischen Papst? Obwohl: Finstere Jahreszeit … Sicher: Schalten Sie mal mitten im Dezember in Ostfriesland – gefühlte 500 km entfernt vom nächsten Außenposten der Zivilisation – Ihre Scheinwerfer ab. Bei bewölktem Himmel und mitten in der

Nacht – sagen wir also: gegen 16:30 Uhr. Ähnlich finster wird es sonst nur in Horrorfilmen, kurz bevor dem Helden irgendetwas ins Gesicht springt. Also: dunkler Dezember – kann man so sagen!

Das Problem: So ist es nicht überall. Zum Beispiel hier: Ein auf den ersten Blick harmloses Reihenhäuschen in einem ehemaligen Bergarbeiterstädtchen im Ruhrgebiet, nicht weit entfernt von der A43. Eins wie zehntausend, so unauffällig wie ein Glühwürmchen bei Tag: grauer Putz, Mini-Vorgarten, Vordach, Treppchen zum Eingang – mit Fußabtreter. Erst wenn irgendjemand im Innern dieses Objektes das Hereinbrechen der dezemberlichen Dämmerung zum Anlass nimmt, einen vermutlich armdicken Hebel umzulegen, verwandelt sich die Szenerie drumherum in eine Art Leistungsschau der Hochenergiephysik. Und jede Wette: Irgendwo auf der Welt muss es genau in diesem Moment noch dunkler werden (außer in Ostfriesland vielleicht): So viele Photonen kann es im Universum nicht geben! Ein innenbeleuchteter Aufblas-Schneemann mit Möhrennase und Zylinder herrscht dann über einen Kosmos aus

Leucht-Bambis, Neon-Nikoläusen und Lichter-ketten, die durch kahle Hecken mäandern, die Konturen des Bauwerks nachzeichnen und sich zu stilisierten Leucht-Tannenbäumchen win-den; das erwähnte Vordach ist gekrönt von ei-nem leuchtenden Schlitten samt dazugehörigen Zug-Elchen, dazu blinken bunte Lichtvorhänge und -netze, vor denen unschuldige Passanten zuweilen hypnotisiert stehenbleiben. Wenn Ostfriesland im Dezember der finsterste Ort der Welt ist, ist das hier ohne Zweifel der hells-te: Es soll bereits Leute gegeben haben, die sich nach einer unverhofften Begegnung mit dieser X-Mas-Supernova im Himmel wähnten; eini-ge haben bis heute nicht in ihr normales Leben zurückgefunden – sie fristen als Dauergäste der vielen Sonnenstudios der Umgebung ein trauri-ges, entbehrungsreiches Leben.

Sparen wir uns die Frage, warum jemand so viel Mühe in etwas steckt, das ein Haus den nach-glühenden Resten eines explodierten Atom-kraftwerks ähnlicher macht als einer Wohnstatt. Vielleicht hat der Besitzer einen Ostfriesland-Urlaub zuviel gemacht. Oder er findet die UFO-Optik einfach nur schön – womit er ganz gewiss nicht alleine wäre. Gönnen wir's ihm – und fragen uns: Was mag so ein Spaß eigentlich kosten? Das ist schnell errechnet: Eine Lichterkette mit zehn Glühlampen, von denen jede gerade einmal mit 25 Watt daherfunzelt, nuckelt in fünf Wochen etwa 70 Kilowattstunden Strom aus der Wand. Lichterschläuche – wiewohl mit deutlich kleineren Glühlämpchen ausgestattet – sind auch nicht viel besser: Hier macht's unterm Strich die Masse. Typische Produkte mit hunderten von Mini-Leuchtmitteln – auf dem Beipackzettel stehen meist 12 bis 15 Watt pro Meter – ziehen ihrem Besitzer vom ersten Advent bis Silvester rund sieben Euro aus dem Sparschwein. Zusammengenommen pumpen deutsche Haushalte pro Jahr rund 400 Millionen Kilowattstunden Strom in ihre persönliche Jesusfest-Leuchtreklame – genug, um 140.000 Haushalte 365 Tage lang mit Energie zu versorgen. Unter dem Strich blättern wir Jahr für Jahr rund 80 Millionen Euro für glühende Bambis auf die Tresen der Stromkonzerne; die Stiftung Warentest mutmaßt daher längst, dass Diskussionen um das Stromsparen in den Familien abrupt verstummen, sobald es um die Weih-

nachtsmann-Landebahn im Vorgarten geht. Schon drei Lichterketten ziehen innerhalb von fünf Wochen mehr Geld aus der Tasche als ein sparsamer Kühlschrank das ganze Jahr über.

Nun könnte man den im kalten Winter ja abschalten. Aber ein Advent ohne blinkende Tannenbäume? Ginge das? No way! Nicht allein, weil die Stimmungsbeleuchtung einfach zu Weihnachten gehört wie das Laserschwert zu Darth Vader. Sondern weil es im Dezember nun einmal so verdammt dunkel ist! Finsterer geht es nun wirklich nicht mehr, denn das christliche Wiegenfest liegt (fast) zielgenau auf der Wintersonnenwende, also der längsten Nacht des Jahres. Von da an geht es tageslichtmäßig endlich wieder bergauf – ein Faktum, an das man mit dezenten Lichtspielen vorab ruhig schon einmal hinweisen kann.

Allerdings würden dafür leuchtende Schneeflocken und Tannenbäume reichen. Warum Nikoläuse? Engel? Sterne-von-Bethlehem? Für Atheisten ist die Sache klar: Sie werten die seltsame Koinzidenz schon länger als genialen Schachzug der frühen Kirchen-Drückerkolonnen, die unseren Vorfahren das Kreuz entgegengetragen ha-

ben. Gefeiert wurde im Dezember immer, zum Beispiel die Geburt des Sonnengottes *Mithras* – da kann man den Leuten doch auch gleich die Krippe unterjubeln … Dabei passt der Termin auch aus anderen Gründen. Schließlich wird Jesus als »Licht der Welt« bezeichnet, der selbiges eben in das »Dunkel der Welt« getragen habe. Und die Welt ist nördlich des Äquators nun einmal nie dunkler als Ende Dezember. Wenn sie jemals Licht nötig hatte, dann dann – erst recht in den vielen finsteren Jahrhunderten vor Thomas Alva Edison, in denen es noch keine Glühbirnen, geschweige denn Lichterschläuche gab. Außerdem kommt man genauso zwanglos auf Weihnachten, wenn man von der Verkündigung Marias am 25. März eine Schwangerschaft weiterzählt. Bingo! Es brauchte also keinen südafrikanischen Papst, um den Geburtstag des Heilands auf Ende Dezember zu legen. Im Gegenteil: Dieser gedachte Südhalbkugel-Gottesmann hätte ohnehin eher ein Problem gehabt, weil der Heiland auf der anderen Seite des Globus sein Licht dann ausgerechnet am längsten aller Tage erstrahlen lassen müsste.

Egal – was die frühen Kirchenführer und chris-

 139

tianisierende Mönche bei ihrer Terminplanung noch nicht wissen konnten: Den Kühlschrank winters herunterzufahren, um Strom für Elektrokerzen-Schwibbögen zu sparen, mag 2011 eine gute Idee sein – in ein paar Jahren vielleicht nicht mehr ganz so sehr, wenn einem der Erhaltungszustand der Frühstücks-Mortadella wichtig ist. Trotz des frühen Wintereinbruchs galt schon 2010 global gesehen als eines der wärmsten Jahre seit langem. Während die Kinder zwischen Kiel und Sonthofen ihre Schlitten so früh wie selten zuvor aus dem Keller holen konnten, brannte halb Israel, weil nach einem heißen, dürren Sommer der Regen ausblieb; schon die Rauchschwaden über dem sisalteppichtrockenen Russland beschäftigten die Medien im Sommer über Wochen – Klimawandel in Action!

Ob es da einen Zusammenhang gibt? Mal sehen: Um einen *einzigen* Glüh-Schneemann zum glimmen zu bringen, muss irgendwo jemand Kohle in einen Ofen schippen, die während der Adventszeit in Form von etwa vier Kilogramm Kohlendioxid wieder aus dem Kraftwerkskamin pufft. Wenn es Strom aus einem Erdgas-Kraftwerk sein darf, wären es immer noch immerhin fast zwei Kilo – Atomstrom lassen wir aus Gründen des Weihnachtsfriedens mal außen vor.

Okay: Bezogen auf die Milliarden Kubikmeter Luft, die unseren Planeten einhüllen, ist das natürlich nur ein Rinnsal – dagegen ist Gras wachsen hören ein AC/DC-Konzert. Tatsächlich machen die 400 Millionen kWh für angemessene X-Mas-Deko weniger als ein Promille des Gesamtstromverbrauchs der Deutschen aus, die ja außer Weihnachten auch noch anderes im Kopf haben. Trotzdem: Was ist, wenn der Trend anhält? Wenn sich in jedem der rund 40 Millionen deutschen Haushalte auch nur zwei Zehn-Meter-Lichterketten um den Balkon wänden, das Ganze flankiert von einem Leucht-Hirschen und einem aufgeblasenen 25-Watt-Schneemann? Die Republik wäre heller als der Vollmond und sämtlicher Chancen, seine Kyoto-Klimaziele zu erreichen, auf einen Schlag verlustig.

Die unmittelbare Folge: Das Klima kippte, die grönländischen Eispanzer schmölzen ab, der Meeresspiegel stiege, es würde heiß – und he: Am Ende stürben womöglich die Tannenbäume aus! Müssen wir unsere Geschenke am Ende unter Palmen auspacken? Die Finger voller ge-

schmolzener Schoko-Nikoläuse? Und schuld sind die Lichterketten? Wehret also den Anfängen! Stecker raus! Sonst wird's zappenduster! Oder?

Nun ja ... Fast übersehen: Es gibt ja inzwischen auch Leuchtdioden – die verbrauchen in etwa so viel Strom wie eine Katze Badewasser. Und warum nicht zu Energie aus Windkraft, aus Wasserkraftwerken und Biogas greifen – vielleicht eine Geschenkidee?

Und wenn Ihnen der adventliche Lichterwochen-Wahnsinn auch mit Ökostrom so viel bedeutet wie eine Axt im Kopf: auch kein Problem – eine Fahrt nach Ostfriesland hilft. Mitten in der zeitlosen, stillen Leere ein kleines Teelicht anzünden, und man hat seine innere Ruhe wieder. Trotzdem: Weihnachten unter Palmen – geht das? Vielleicht doch in Badehose? Ich muss Rainer mal wieder anrufen. »Hab' ich erzählt, dass wir nächstes Jahr *Christmas in July* feiern? Dann ist es hier schön kühl ...«, hatte er noch gesagt, bevor ich aufgelegt hatte.

GLAUBENSKRIEGE AN DER KÄSE-THEKE

Über Weihnachtsbraten, Kartoffelsalat und Antilopen-Steak – und warum man Kochsendungen im Advent besser meidet.

»Und jetzt?«, fragte Claudia. Ich zuckte mit den Schultern. »Kann ich über Wasser gehen?«, fragte ich etwas unwirsch zurück und ließ meine Freundin stehen. Dann angelte ich mir den Schlüssel aus Monis Mantel, der jetzt etwas verloren über dem Küchenstuhl hing, auf dem Tisch davor noch die mindestens 200 Meter Küchenpapier, die Claudia ihr gereicht hatte, als sie ihren Heulkrampf hatte. Daneben lagen noch die Einwegspritze und die Ampulle mit dem Beruhigungsmittel. Hätte der Doc ruhig wegräumen können …

Ich trat vor die Tür, betrachtete eine Weile einen hellen Stern über dem Haus gegenüber, atmete tief durch, schaute meinem Atemwölkchen hinterher und ging dann auf Monis Mini zu, dessen Tür noch offen stand. Es hatte etwas reingeschneit, also schnippte ich in aller Ruhe erst einmal ein paar Gramm federleichte Kristalle raus, bevor ich den Wagen aus dem Schneefeld bugsierte, das im Frühjahr wieder mein Rasen werden sollte. Die demolierte Hecke würde ich richten müssen, aber den Leucht-Schneemann hatte sie zum Glück knapp verfehlt. »Zitronengras. So ein Blödsinn.« Ich wusste nicht mal, wie dieses Zeug aussah.

Zurück in der Küche, zog ich mir erst einmal den Korken von einer Flasche *Rioja Doca Reserva Roda*, Jahrgang 2006. Ich wollte die eigentlich zu Weihnachten verschenken, aber der Typ, für den ich sie besorgt hatte, hatte eh keine Ahnung. Ich würde ihm eine Buddel aus dem Supermarkt in das Papier meines Weinhändlers drehen. Kurz fragte ich mich, ob der Handel mit Einwickelpapieren stadtbekannter Spirituosenhändler nicht eine Geschäftsidee wäre … Bekanntlich arbeiten die Leute Weihnachten kräftiger an der nächsten Leberzirrhose als zu jeder anderen Jahreszeit: Ich kannte Menschen, die schleppten sich bis in den Herbst hinein Abend für Abend müde in den Keller, um die Weinvorräte zu vernichten, mit denen sie Heiligabend beschenkt worden waren – um Platz zu schaffen für das nächste Weihnachtsmassaker. »Wirklich gute sind selten drunter«, sagte zum Beispiel mein Freund Kalle, Allgemeinarzt und daher eigentlich in der Lage, sich eine önologisch fein durchkomponierte Sammlung anzulegen, wenn sein Keller nicht jedes Jahr von anderem Zeug blockiert wäre. Und weiterverschenken kam für Kalle, der leider auch ein ausgesprochener Ästhet war, *noch* weniger in

145

Frage als ein Brusthaar-Toupet. »Um Gottes Willen! Was sollen die von mir denken! Dabei sind die Flaschen immer von renommierten Händlern. Ich verstehe das nicht …« Kalle kratzte sich am Kinn und schüttelte mutlos den Kopf. »He, willste dir 'nen Bardolino mitnehmen …«

Ich drehte den Korken vom Zieher, legte ihn beiseite und goss mir ein Glas ein. Es sah aus, als würde ich Blut in eine gläserne Kinderbadewanne kippen. Ich überlegte, aus Spaß ein paar Tropfen im Schnee auf der Terrasse zu versprengen, allein der Farbe wegen. »Mach doch nicht so'n Krach«, rief Claudia mir aus dem Flur zu. »Denk doch einmal an Moni …« »Herrgott, die würde jetzt ein Motörhead-Konzert verschlafen«, rief ich zurück. »Vielleicht sollten wir überhaupt allmählich mal Andi Bescheid sagen …« »Was brüllsten so?«, fragte Claudia. Irgendwie war sie plötzlich neben mir aus dem Boden gewachsen. Ich nahm einen Schluck Wein. »Willste auch'n Glas? Und sag mal, was ist eigentlich Zitronengras?« fragte ich.

Nun, eigentlich war die Sache ganz einfach. Moni war in eine Falle gelaufen, in die zu Weihnachten *jeder* irgendwann einmal tappt. Sie hatte sich vorgenommen, am Heiligen Abend etwas *ganz Besonderes* auf den Tisch zu bringen. Was in ihrem Fall nicht mehr so *ganz* leicht war, weil sie die Jahre davor bereits Schoko-Dill-Hackfleischbällchen, karamellisierte Quitten, glasierten Koriander-Lachs und Erdbeer-Kabeljau mit Rote-Beete-Salat und Wasabi-Frischkäse aus dem Ofen gezogen hatte. Dieses Mal sollte es daher etwas *richtig* Exotisches sein.

Gut: Wer vor Weihnachten eine Fernseh-Kochsendung einschaltet, ist selbst schuld. Aber adventliche LaferMälzerLichter-Askese hilft schon lange nicht mehr automatisch weiter: Selbst im Radio wird man von aufgekratzten Redakteuren mit Rezeptvorschlägen bombardiert wie Besucher von Gebrauchtwagenbörsen mit Angeboten, die man nicht ausschlagen kann, und wer das ausschaltet, ist nicht mal Sportmagazinen gefeit vor Sesam-Tofu in Rakisoße & Co. Mancher soll von der Tierart, die es Weihnachten letztlich in den Bräter geschafft hat, zum ersten Mal auf WDR 2 erfahren haben: Strauß, Krokodil, Hai, Schildkröte, demnächst vielleicht Stachelrochen und Hannoveraner-Fohlen – why not? Erste Fernsehköche sollen sich bereits in China umgesehen haben auf der Suche nach biologischem Material, mit dem man Leute, die selbst vor Schafshirn in Walnusskruste nicht ins Grübeln kommen, noch vor den Ofen locken kann: Im Reich der Mitte schreckt man bekanntlich nicht einmal vor Affen, Schlangen und Insekten zurück. Am Handel soll es auch nicht scheitern, da ist noch viel drin – obwohl an den Preisen, die Einzelhändler vor den Festtagen für exotischere Fleischsorten aufrufen, schon heute Eigenheim-Finanzierungspläne zerbrechen sollen.

Dabei war der Phänotyp des geplanten Bratens in diesem Fall gar nicht schuld. Der eigentliche Grund für den Nervenzusammenbruch, der Moni mit eindeutigen Selbstmordabsichten auf mein Whisky-Regal zuwanken ließ, bevor sie, von mir abgefangen und von Claudia gestützt, in Tränen ausbrach, war: Sie hatte sich nach und nach fünf Rezepte rausgeschrieben und war auf Ingredienzienjagd gegangen – und immer gab es genau *eine* essenzielle Zutat, die sie nirgendwo fand. Los ging es mit Tintenfischtinte, zuletzt war es eben an Zitronengras gescheitert, *Her-*

ba andropogonis, einer mehrjährigen, einkeimblättrigen Pflanze aus der Familie der Süßgräser, deren schilfartige Blätter im Kochtopf ein zart zitronenartiges, manche gar an Rosenblätter erinnerndes, feines Aroma entfalten können. In Asien wächst das Zeug vermutlich an jeder Straßenecke, hierzulande ist es so selten wie fünfblättriger Klee. Zumindest in der Zeit zwischen dem zwanzigsten und dem vierundzwanzigsten Kalendertürchen.

»Was soll ich denn machen«, hatte Moni gewimmert, bevor der Arzt an der Tür klingelte. Da hatte sie recht. Denn die Suche nach ungewöhnlichen Rezepten hat ja einen nachvollziehbaren Grund: Die Anzahl der Gerichte, die wir Deutschen uns an Heiligabend immer wieder auf den Tisch stellen, ist relativ überschaubar. Gänsebraten mit Maronenfüllung und Rotkohl, aber auch Karpfen schaffen es auf die Tafel, ebenso Kaninchen, Rouladen, hier und da vielleicht eine unvorsichtige Ente oder Wild. Okay: Mit dieser Palette scheren wir Deutschen in gewisser Weise aus dem westeuropäischen Konsens aus. In Belgien, Griechenland, England, Irland und Frankreich zum Beispiel kommt meistens Großgeflügel in Form von Pute oder Truthahn auf den Tisch – das die Belgier immerhin mit leckeren Weihnachtsbierchen runterspülen. In Italien setzt man auch auf Fisch und Panettone – diesen Hefekuchen mit Rosinen, den einem Pizzabäcker hierzulande auch schon mal auf den Weg mitgeben, wenn man übers Jahr fleißig bei ihnen eingekauft hat. In Luxemburg kommen dagegen bei Blutwurst mit Stampfkartoffeln weihnachtliche Gefühle auf. Und viele Österreicher würden eher auf Rainhard Fendrich verzichten als auf den Weihnachts-Karpfen.

Trotzdem: In familiären Engführungen, wenn die Nerven ohnehin gespannt sind wie Expanderschnüre beim Power-Workout, wäre auch eine weniger begrenzte Anzahl traditioneller »Standardgerichte« reines TNT. Hier die Hitparade der Fragen, Bemerkungen und Äußerungen, die friedliche Köchinnen und Köche dazu bringen können, das Tranchiermesser anders als bestimmungsgemäß einzusetzen:

1. Ich mag das nicht.
2. Äh, hast du mal ein schärferes Messer?
3. Weißt du noch, wie Tante Renate ihre Gänse

immer hingekriegt hat? (trauriger Blick auf den Teller)

4. Bei uns gab's früher aber immer Nudeln …
5. Boah, nee, mir ist das zu fettig.
6. Hattest du keine Nelken mehr?
7. Eigentlich müsste das Fleisch viel heller sein.
8. Weißt du, dass Gänse total kluge Tiere sind? Die sind lebenslang treu. Ich meine, würdest du auch deinen *Hund* essen?
9. Der Karpfen hat *vier* Wochen in unserer Badewanne gelebt! Der hat mich immer so angeguckt, als wüsste er Bescheid. Unser Kleiner hat in Fritz genannt.
10. Du, das war lecker, aber ich bring dir mal ein paar von meinen Rezepten mit.

Das Problem: Über Gerichte, die *jeder* kennt, kann auch *jeder* mitreden – Eingeweihte kennen das als »Nationaltrainer«-Phänomen. Irgendwann greift man dann eben zu härteren Mitteln. Einstiegsdrogen in die nörgelfreie Welt sind raffinierte, leider nur vermeintlich unkomplizierte Varianten bürgerlicher Rezepte wie zum Beispiel Kaninchenfilet mit Jakobsmuscheln oder Rehrücken an einem *Dialog* von Basmatireis mit

Mandel-Blumenkohl-Gratin. Auch Gänsebraten kann man über allerlei exotische Füllungen in kulinarische Ecken rücken, in denen sich die Schwiegereltern nicht mehr ohne Weiteres auskennen. Aber selbst der kann trotz aller fremder Aromen immer noch zäh wie ein Stapel Spültücher geraten. Außerdem helfen noch so raffinierte Fleischgerichte nicht über die peinliche Gesprächspause hinweg, die Vegetarier oder Ernährungs-Sensible (»Du, ich hab' vorhin einen Schweinelaster überholt. Die Tiere taten mir totaal leid. Mir reicht heute etwas Rosenkohl.«) an der festlichen Tafel auslösen können.

Aus dieser Lage gibt es zwei Auswege. Einen davon hat Moni zu beschreiten versucht: Alles auffahren, was die globale Küche hergibt und sich halbwegs mit deutschen Mägen und hierzulande etablierten Darreichungsformen verträgt. Insekten: ja, aber höchstens püriert. Exotische Meeresbewohner: gerne, dabei aber traditionelle Zurichtungsformen trotz aller Aufgeschlossenheit für Neues nicht ganz aus den Augen verlieren – man denke an das Gift des japanischen Kugelfischs, tausendmal tödlicher als Cyanid, damit eine der giftigsten Substanzen der Welt und nur durch peinlich korrekte Zubereitung zu entschärfen. Giraffe, Impala, Streifengnu, Nyala-Antilope – alles im grünen Bereich, Hauptsache es weiß keiner, wie die eigentlich schmecken müssten. Vorsicht nur bei Tieren, die als »süß« gelten, also keine Eisbären oder Robbenbabies – die sind sogar bei Leuten, die auf Lammrücken stehen, absolut No-Go. Und *ganz* wichtig: exotische Gewürze! Anfänger können sich die ersten Sporen verdienen, indem sie sich das Curry für die Wurst selbst mischen, später kommen dann Tonkabohnen, Lavendelblüten, Kardamom, Schabziegerklee, Kubebenpfeffer, Galgant, Kaffirblätter, Gelbwurz und Zitronengras hinzu. Und Baldrian. Nicht zum Würzen, sondern zum Einkaufen.

Die zweite Alternative, von vielen am Weihnachtsmahl Leidenden schon vor Jahrzehnten eingeschlagen, geht genau in die andere Richtung: zu Rezepten, mit denen man auch als Küchenanalphabet, dem selbst Wasser anbrennen würde, nichts falsch machen kann! Der heißeste Tipp: Kartoffelsalat! Die Allzweckwaffe genervter Köche kann man zur Not im fünf Kilo-Eimer kaufen und sogar heimlich beim Fünf-Sterne-

Catering-Service bestellen. Oder: Raclette mit viel Gemüse, vielleicht sogar Fondue – wenn sicher ist, dass kein Veganer am Tisch sitzt. Bei diesen dezentral zubereiteten Speisen ist immerhin jeder selbst für sein Fleisch verantwortlich, außerdem ist jedes Stück ein Unikat und schnell verputzt, so dass man sich von niemandem anhören muss, dass dieser oder jener Bissen vielleicht doch zu lange in der Brühe gesteckt hat. Tiefer Weihnachtsfrieden steckt in diesem Ansatz …

Aber Obacht! Die goldenen Jahre sind auch hier inzwischen vorbei, selbst Kartoffelsalat geht heute längst nicht mehr in der *Classic*-Variante durch: Hier schlägt der Post-Bocuse-Kochbuch-Terror in Gestalt hochverfeinerter Edelvarianten mit Walnüssen, rosa Pfefferbeeren, Mini-Gurken und La-Ratte-Kartoffeln zu – auch diese Zutaten dürften auf dem Markt in absehbarer Zeit so schwer zu bekommen sein wie Plutonium aus dem iranischen Atomprogramm. Auch Fondue und Raclette entwickeln allmählich ein zweites, böses Gesicht. Hier gibt es zwar – abgesehen von der grundsätzlichen Entscheidung »Fett, Brühe oder gar Käse im Fondue-Topf« – keine größeren Fußangeln in Sachen ungewöhnlicher

Zubereitungsarten: Mit flüssigem Stickstoff anstelle von heißem Wasser geht Fondue einfach nicht. Schlimme Fallen lauern aber schon in der Wahl des Raclette-Käses – da toben regelrechte Glaubenskriege an den Supermarkt-Theken. Es soll sogar Leute geben, die ihren Gästen mittlerweile ganze Lkw-Ladungen voller Sorten präsentieren, die man im Pfännchen zu ausgesprochenen Kunstwerken zerlaufen lassen kann und Profis zur Kreation inspirierender Geschmacks-Wanderungen animieren. Überhaupt haben es Käsekenner in den letzten Jahren zu einem Vokabular gebracht, das es mit dem erfahrener Oenologen aufnehmen kann – Pech, wer unter unsäglichen Mühen einen nach Heu riechenden Camembert aus einem winzigen Schweizer Käseladen herangeschafft hat und dann einen Fachmann zu seinen Gästen zählen muss, der sofort kund tut, dass das entsprechende Produkt der menschenscheuen Rübli-Brüder aus irgendeinem gottvergessenen Bergdorf in Graubünden noch ein Stückchen besser ist.

Das *wahre* Grauen lauert allerdings im Vorfeld. Abgesehen vom meist grob unterschätzten Zeitaufwand fürs EHEC-Keime-Abwaschen und

Kleinschnibbeln des Gemüses, der an die Planung und minutiöse Vorbereitung einer Herz-Lungen-Transplantation erinnert, treiben einen spätestens einen Tag vor dem großen Mahl Fragen nach der Anzahl der Beilagen um. Champignons, Maiskölbchen, Zwiebeln, Paprika – das *kann* doch nicht alles sein! Moni hatte neulich diese seltsamen Süßkartoffeln aus Südafrika … Calvadosäpfel! Krabben! Aber doch nicht diese winzigen … Und wenn man auf der Suche nach ungewöhnlichen Fleischsorten für das weihnachtliche Stäbchengabel-Rangeln anfängt, in den Bio-Büchern des Sohnes zu stöbern, hat man schon verloren.

Wer nicht spätestens hier geneigt ist, es dieses Jahr mal mit Backofen-Pommes zu versuchen, den erwartet das Grauen in Form der Soßen- und Dip-Frage. Hier schlägt einem aus einschlägigen Webseiten mittlerweile eine Vielfalt an Rezepten und Varianten entgegen, vor der selbst gestandene Chemieprofessoren schreiend weggelaufen sein sollen: Vom Avocado-Quark-Dip über Preiselbeer-Meerrettich-, Honig-, Teufels- und Pflaumensauce bis hin zu exotischen Mixturen, die die Namen ferner Länder tragen, aus denen meist auch zwei Drittel der Zutaten stammen. Die man im Bedarfsfalle dann bärtigen und buckligen alten Männern in völlig verwinkelten Mini-Lädchen mit blinden Fenstern abhandeln darf – in einer unbekannten Sprache und den Kopf voller Fragezeichen wegen der seltsamen Gerüche, die man an der Kasse in der Nase hat. Klar, dass von den Zillionen Schälchen, die man dann nach tagelanger Wanderung durch die Bahnhofsviertel der Welt – da finden sich die einschlägigen Läden nämlich – vor der Verwandtschaft auf den Tisch stellt, nur die Hälfte überhaupt angerührt wird, weil sie irgendwie komisch aussehen. Während sich immer jemand findet, der von einem tollen Sesam-Kurkuma-Dip schwärmt, den er letztens erst bei einer Freundin probieren durfte, die zufällig für die tunesische Botschaft arbeitet. Anschließend tauscht man Rezepte aus und hat nächstes Jahr noch mehr zu tun.

»Was machst *du* denn da?« Ich hatte Rob nicht kommen sehen. Er erwischte mich auf einer kleinen Trittleiter vor dem Küchenregal, in dem wir die meisten unserer Gewürze aufbewahrten. Unser Untermieter hatte einen Karton unter dem Arm, den er aber schleunigst abstellte, um sich genauer anzusehen, was ich da trieb. Ich erklärte ihm die Sache und ließ dabei nach und nach die Döschen mit Dill, Thymian, Rosmarin, Ingwer und wasweißichnichtnochalles in einer Plastiktüte verschwinden. »Du willst verhindern, dass ihr euch wegen des Festmenüs in die Haare kriegt?« Robs Unterkiefer klappte soweit herunter, dass der Todesstern in seinem Rachen Platz gefunden hätte. »So ungefähr jetzt, ja.« Ich hielt inne. Irgendwie wusste ich plötzlich auch nicht mehr so genau, ob das wirklich noch im grünen Bereich war, was ich da tat. Wenn Sie sich da mal nicht ganz sicher sind, gibt es einen einfachen Trick: Überlegen Sie, ob Sie es einem Psychologen, der mit zwei kräftigen Sanitätern vor Ihnen steht, in zwei Minuten erklären könnten. Im Augenblick war zum Glück keiner da. Ich stellte das Salzfässchen und die Pfeffermühle zurück.

Andi hatte Moni abgeholt, soweit war alles ganz gut abgelaufen, der Arzt meinte, sie würde keine bleibenden Schäden davontragen, allerdings sollte sie sich von Kochbüchern fernhalten und eine Weile nur noch Phoenix oder Arte gucken.

Das war vor zwei Tagen gewesen. Ich hatte die Sache mit Claudia diskutiert, und irgendwie fanden wir, dass wir es dieses Jahr Weihnachten … »Dann bleibt ja nur noch Rohkost«, stammelte Rob. »Ja, genau. Nüsse, Äpfel, genau wie vor 200 Jahren, als man froh war, wenn … jedenfalls gehen wir diesmal zurück zu den Wurzeln der Wurzeln! Gewissermaßen Retro-Retro! Wir lassen sogar den Käseigel hinter uns und …« »Ihr habt echt einen …«, begann Rob, als Claudia die Haustür aufschloss. Bevor sie in die Küche kam, stellte ich schnell noch die Lebkuchen-Gewürzmischung zurück, vielleicht konnte man damit den Apfelkuchen etwas verfeinern. Außerdem ließ ich etwas Zimt im Regal, das ging schließlich über Jahrhunderte als Aphrodisiakum durch.

Als Claudia in den Raum kam, wurde es schlagartig fünf Grad kälter. Ich hatte ganz kurz das Gefühl, dass sogar das Licht der Deckenlampe in feinen Grieseln auf den Boden flirrte: So ähnlich musste es sein, wenn jemand mit Horrormaske und abgesägter Schrotflinte in eine Kneipe kommt. Meine Freundin pfefferte eine Papiertüte auf den Tisch. Das Ding fiel um, dabei rollten ein paar kleine Äpfel heraus. Einer titschte auf den

159

Boden und kullerte auf mich zu. »Was'n das?« fragte ich. »Was'n das«, fragte Rob. »Weilburger«, sagte Claudia. »Ultraselten. Die Sorte war entlang der Lahn und in der Gegend um Wiesbaden mal weit verbreitet, zwischenzeitlich aber verscholen, wie viele andere alte Sorten, die niemand mehr anbaut. Es gab mal hunderte, die heute keiner mehr kennt, weißt du«, sagte sie zu Rob. Sie stützte sich mit beiden Händen auf der Lehne eines Küchenstuhls ab und ließ ihren Blick kurz auf meiner Gewürz-Tüte ruhen. »Letztes Jahr hat man nach langer Suche einen Weilburger-Baum wiederentdeckt. Typischer Winterapfel, ab November genussreif. Soll sehr lecker sein«, sagte Claudia und seufzte, als müsse sie mich in einer Ausnüchterungszelle auslösen, »aber praktisch unbezahlbar. Ultraselten halt.« Sie schüttelte den Kopf und verschwand im Flur. Von der Treppe aus rief sie noch: »Übrigens ein Geschenk von Moni.« Rob und ich sahen uns an. Als er seinen Karton genommen hatte und sich in sein Kellerstudio verzog, räumte ich unsere Gewürzmenagerie nach und nach wieder ein.

NIKOLAUS UND AUS

Über Halloween und eine traurige italienische Hexe – und was das mit Weihnachten zu tun hat.

Als mir ausgerechnet Graf Dracula höchst-
selbst mein Pils über den Tresen reichte, wagte ich Andrea dann doch mal beiseite zu nehmen. »Von einer Mottoparty hatteste gar nix
gesagt«, meinte ich, nachdem ich sie vorsichtig in eine der weniger düsteren Ecke des Flurs
bugsiert hatte, die *nicht* von Schwarzenegger-
Handflächen-großen Spinnen samt der zu ihnen gehörigen Weben eingenommen waren.
Irgendetwas stimmte nicht. Wir schrieben Anfang November eines Jahres Anfang des neuen
Jahrtausends, und ich hatte nicht einmal an-
satzweise geahnt, was auf mich warten würde,
als ich im standesgemäß schwarzen Sakko mit
einem extrem seltenen Tour-T-Shirt einer an-
gesagten Szene-Band drunter aus dem Wagen
gestiegen war. Andrea hatte mich zu ihrer Ge-
burtstagsfeier eingeladen und um *dem Datum
entsprechende Kleidung gebeten* – und diesen
Satz ihrer Mail extra mit einem kleinen Smiley
verziert. Okay, mit der *Farbwahl* hatte ich im
Prinzip richtig gelegen, wie ich oben merkte,
trotzdem …

Andrea gab mir einen Klaps auf den Schirm meiner schwarzen Baseballkappe, sagte: »Du bist

vielleicht süß«, hauchte mir einen Kuss auf die Wange, der *Tutanchamun* wiedererweckt hätte, und verschwand in einem Sektor des Halbdunkels, der von einem Grüppchen aus zwei Außerirdischen und Frankenstein bevölkert wurde. Der Typ lüftete seine Maske alle zwei Minuten, um sich kleine Dosen Alkohol zuzuführen, sah unter der Larve aber auch nicht viel lebendiger aus als sein Vorbild. Egal – ich ließ meine Blicke durch den Rest des Wohnzimmers schweifen: schwarze Tücher vor den Scheiben, überall Kerzen, bevorzugt besonders stark kleckernde Stumpen, an den Stehtischen und auf den wenigen Sitzgelegenheiten weitere Leute, die sich alles angetan hatten, was der Kostümfundus eines B-Movie-Ausstatters hergab. Im Fernseher in der Ecke lief *Armee der Finsternis*, ein skurriler Film, in dem ein Typ mit einer Kettensäge ins Mittelalter verbannt wird und es dort unter anderem mit einem Heer etwas ruckelig animierter lebender Skelette aufnehmen muss. Den meisten Spaß an dem Werk hatte ein Typ, der seinen Schädel unter dem Arm trug. Als ich ihn später auf der Toilette wiedertraf, bemerkte ich, dass er *noch* einen Kopf hatte, allerdings machte er bei *der* Gelegenheit einen wenig appetitlichen Gebrauch davon.

Ein wenig resigniert verzog ich mich in die Küche, wo ich mir ein paar Frikadellen mit grünem Ketchup auf den Teller lud, als sich plötzlich eine Rothaarige zu mir gesellte. Sie war auch nicht kostümiert, aber das war mir zuvor nicht aufgefallen – wahrscheinlich wegen der beeindruckenden und vermutlich sogar echten Hakennase, um die sie manche der anwesenden Hexen beneiden dürften. »Ich hab' das vorhin mitgehört«, hauchte sie. »Dieser Ketchup ist *schon* witzig«, entgegnete ich etwas hilflos und musterte die Plastik-Kakerlaken, die jemand im Nudelsalat und bei den Käsewürfeln drapiert hatte. Meine Buffet-Kollegin sah mich eine Weile an und sagte, ohne auch nur den leisesten Anklang von Ironie: »*Halloween*? Schon mal gehört?«

Der Rest des Abends verlief dann doch noch recht harmonisch. Claudia, so hieß meine rettende Hexe, klärte mich darüber auf, dass Andrea sich so oft darüber geärgert hatte, dass mit den Jahren immer mehr Leute lieber auf angesagte Grusel-Events gingen, als mit ihr auf ihren

Geburtstag anzustoßen. Bis sie irgendwann den Stier bei den Hörnern gepackt und kurzerhand ebenfalls eine Halloween-Party organisiert hatte. Seitdem war die Bude an ihrem Geburtstag wieder voll. Nur *ich* hatte wieder einmal nichts mitbekommen.

Dabei war mir natürlich auch aufgefallen, dass die amerikanische Horror-Nacht im Gefolge einiger Hollywood-Blockbuster seit einiger Zeit drauf und dran war, in Mitteleuropa Fuß zu fassen. Sehr zur Freude wahrscheinlich der hiesigen Kürbisbauern; für einige, insbesondere ältere Mitbürger dagegen waren die vielen wie Verkehrsunfall-Opfer geschminkten Kinder, die plötzlich mit dem Spruch *Süßes oder Saures* von Tür zu Tür zogen, eher ein Grund zum Kopfkratzen. Zumal diese Raubzüge zu einer ungewohnten Jahreszeit stattfanden: Zu *Sankt Martin* war man derlei ja gewohnt – dann nannte man die Beutewanderungen bekanntlich *Martinssingen* oder *Schnörzen*; auch in den Tagen zwischen dem zweiten Weihnachts- und dem Dreikönigstag am 6. Januar rechnete man in vielen Gegenden Deutschlands traditionell mit entsprechenden Besuchen. Allerdings traten die Kids da in der Regel etwas weniger martialisch auf – auch wenn das im Chor gebrüllte *Fiese Möpp* für jemanden, der zu St. Martin in Köln zufällig nix Süßes parat hatte, manchem den Abend schon etwas trüben konnte.

Jetzt also auch noch *Halloween*. Neben den genannten, schon länger etablierten Terminen so ersehnt wie ein arbeitsreicher Montag nach einem sonnigen Wochenende, so witzig wie eine Darmspiegelung und kulturell so nahrhaft wie Popcorn – kurzum: unnötig, dumm, gefährlich! Aber eben in einer Reihe mit anderen kulturellen Zumutungen aus Walt-Disney-Land – wie zum Beispiel diesem adipösen Brause-Bischof oder der Unsitte, die Straßen mit Rentier-Lichterketten zu dekorieren! Auch die Zahl der Familien, deren jüngste Sprosse Heiligabend plötzlich ihre Socken aus dem Schrank holen und wie aus amerikanischen Filmen gewohnt an den Kamin – ersatzweise den Ofen – hängen, damit *Santa Claus* über Nacht eine Playstation reinsteckt, soll seit einiger Zeit stetig steigen. Weg damit! Geschenke gehören unter einen Tannenbaum! Das hier ist Europa! Nikolaus und aus! Jawoll!

Oder? Nun ja: Tatsächlich ist es – wie immer –

nicht *ganz* so einfach. Eigentlich ist *Halloween* nämlich nichts anderes als eine ein klein wenig rundgelutschte Version des Begriffs *All Hallows Eve*, was soviel wie *Abend vor Allerheiligen* bedeutet. Tatsächlich kommt dieser seltsam gruselige Brauch gar nicht aus den U, S und A, sondern hat sich von *Irland* aus in die neue Welt verbreitet. Dabei soll er seine Wurzeln nicht einmal unbedingt im Christentum haben; stattdessen sprechen einige Forscher dem Fest sogar keltische Wurzeln zu. Halloween ist also wie der Weihnachtsmann eine Art Re-Import eines etwas in bonbonfarben gepackten, gleichwohl sehr ernsten Brauchs zurück in die Alte Welt, aus der es vor Jahrhunderten kam.

Und die Sockenparade am Kamin – soo weit weg davon sind die bereitgestellten Stiefel zum deutschen Nikolaus-Namenstag ja vielleicht auch nicht unbedingt. Holländische Kids stopfen ihr Schuhwerk sogar mit Heu aus, damit das Pferd (!) des Herrn *Sinterklaas* etwas zu futtern hat, während der alte Mann in seinem Sack nach passenden Süßigkeiten stöbert.

Und Europa kennt noch viel mehr! Italienische Bambini stellen ihre Schuhe zum Beispiel erst

am 5. Januar raus. Dann ist nämlich die gute Hexe La Befana unterwegs – und in Geberlaune. Mit ihr verbunden ist übrigens eine der anrührendsten Legenden der Weihnachtszeit überhaupt: Bei der Dame soll es sich um eine junge Mutter aus der Zeit des Herodes handeln, die ihre Kinder mal kurz allein ließ, um etwas Schönes für sie zu kaufen. Als sie zurückkam, fand sie ihre Liebsten von römischen Soldaten ermordet vor; seither besucht sie andere Kinder, um ihnen ihre Geschenke zu geben. Einer anderen Legende zufolge sollte Befana die heiligen drei Könige zum Christuskind begleiten, hatte aber irgendwie Wichtigeres zu tun. Als sie damit fertig war, machte sie sich auf den Weg, fand die Heiligen aber nicht mehr und irrt seither durch die Welt und verschenkt das, was sie dem Jesuskind mitbringen wollte, dann eben anderen liebenswerten Kids.

Aber Dreikäsehochs aus dem Stiefel-Land haben ohnehin das Glück, mehr Weihnachts-Highlights abstauben zu können als die meisten Altersgenossen im Rest Europas (dafür wird an Heiligabend allerdings gefastet): Das Christkind kommt in Italien natürlich auch, und zwar am Morgen des 25. Dezembers und selbstverständlich auch mit Geschenken. Aber das ist noch nicht alles: Neben La Befana und dem fast schon üblichen *San Nicola*, der auch bei ihnen am 6.12. in Aktion tritt, kennen sie auch noch die *heilige Lucia*. Die sogenannte *Lichterkönigin* wurde 281 nach Christus in Sizilien geboren und vererbte ihr Vermögen den Armen – lange also, bevor unser St. Nikolaus auf eine ähnliche Idee kam. Der Dame gedenkt man am 13. Dezember – übrigens auch in Schweden, denn sie soll dieses Land im 4. Jahrhundert auch noch vor einer Hungersnot bewahrt haben.

In der Tschechischen Republik stellt man am 4. Dezember, dem Tag der heiligen Barbara, Kirschzweige ins Wasser. Wenn sie Weihnachten blühen, hält das kommende Jahr eine Menge Glück bereit – und wer weiß: vielleicht sogar eine Heirat. In England hängt man Mistelzweige auf – und es ist ein durchaus hübscher Brauch, die Person, die man unter einem dieser Objekte antrifft, küssen zu dürfen. So soll schon manche Ehe gestiftet worden sein. Allerdings auch geschieden. Dafür kann man dann im traditionellen Weihnachtspudding eine Münze finden, die ebenfalls Glück bringen soll.

Mehr? Gerne: In einigen Gegenden Griechenlands lässt man zwölf Nächte lang Feuer brennen, die vor Kobolden schützen; in vielen griechischen Wohnstuben pfeift man zudem auf Weihnachtsbäume und schmückt stattdessen kleine Mini-Segelschiffe. Geschenke gab es in Hellas lange Zeit erst am 1. Januar – dargebracht vom heiligen *Vassilius*. Auch hier reichen sich die Erwachsenen übrigens Weihnachtskuchen, in denen glückbringende Münzen stecken. In Norwegen hält man dagegen das gute alte skandinavische *Jul* lebendig: Dort stellen Kinder Haferschleim auf die Fensterbänke, damit der *Weihnachtsgnom* mit seinem Rentierschlitten (Okay, *da* mag das angehen) was zu futtern hat – er hat ja auch viel zu tun.

Zum *Julbrod* – dem weihnachtlichen nordischen Festessen – sollen früher einmal rund fünf Dutzend Gerichte gereicht worden sein; inzwischen ist als Minimal-Konsens ein leckeres Essen im Familienkreis geblieben – mit Haferbrei, in dem eine Mandel versteckt ist; ihr Finder soll der Legende nach im kommenden Jahr heiraten. In Russland gibt es Weihnachten erst am 7. Januar – für die Präsente ist dann Väterchen Frost zuständig. Dafür kennt man hier auch Tannenbäume. Gut: Zu Tannenzweigen greift man auch in Spanien, wenn Weihnachts-Deko gefragt ist; allerdings gedenkt man dort in einer sogenannten Hahnenmesse des Federviehs, das als erstes die Geburt Christi verkündet haben soll – in *good old Germany* ist dieses Tier bekanntlich eher unbekannt. Dafür dürfen sich spanische Kids wie die italienischen auch am 5. Januar noch einmal auf Süßigkeiten freuen. Dann finden die Prozessionen zu Ehren der *Heiligen Drei Könige* statt, die in der Regel mit einer Menge in die ebensolche geworfener Kamellen abgehen.

Allein in Europa gibt es also mehr Jahresendbräuche, als Sprachen in einer Berliner S-Bahn zu hören sind. Trotzdem: Halloween? Muss das sein?

Claudia hakte sich bei mir ein und bugsierte mich ins Wohnzimmer, wo wie von Geisterhand gezogen gerade zwei Massenmörder vom Sofa aufsprangen, um sich irgendwas Rotes an der Bar zu holen. »Wenn *Halloween* einen Sinn hat, ist es der, sich durch gruselige Kostüme und möglichst blutige Accessoires der Angst vor

 171

dem eigenen Tod zu stellen«, erklärte Claudia. »Da haben wir ein wenig die Übung drin verloren, findest du nicht?« Ich geriet etwas ins Grübeln. Die Massenmörder kamen zurück, trollten sich aber schnell. Vielleicht waren wir ihnen unheimlich, so ganz ohne Kostüme. Tatsächlich: Gruselige Gelegenheiten zum Feiern gab es auch in Deutschland mal. Zum Beispiel die *Walpurgisnacht*. Dieser schaurige Termin, an dem sich früher die Hexen auf ihre Besen setzten und heulend um den Brocken zogen, ist heute allerdings zum etwas harmloseren *Tanz in den Mai* geronnen. Ähnliches ist mit *Silvester* passiert: Früher machte man am Ende des Jahres möglichst viel Krach, um voller Ernst böse Geister vom neuen Jahr fernzuhalten. Heute ist's nur noch eine Gaudi. Im Ernst: Wer denkt bei Sekt und *four-to-the-floor*-Musik heute noch an Angst und Tod?

»Ich denke lieber ans Leben«, sagte ich. »Also, ich find's eine Bereicherung«, antwortete Claudia. »Weihnachten ist ein Fest des Lebens, aber was ist Licht ohne Schatten? Außerdem haben wir uns ja auch an den *Valentinstag* gewöhnt«, sagte sie. Stimmt: Selbst der *Muttertag*, ohne den deutsche Blumenhändler längst so pleite wären wie die *Lehman Brothers*, ist ja mitnichten ein urgermanischer Brauch, sondern ein ursprünglich amerikanischer Termin, der Anfang des 20. Jahrhunderts irgendwie den Weg über den großen Teich zu uns gefunden hat.

»Sieh's mal so«, sagte Claudia, »wenn wir *Halloween* nicht bräuchten, hätten wir's nicht.« »Na ja, Gründe zum Feiern kann es nicht genug geben«, hatte ich meiner Party-Hexe damals gesagt. »Idiot!«, hatte sie geantwortet, dabei gelacht und mir noch ein Glas Wein geholt. Irgendwie begann ich an diesem Abend, mich inmitten von Skeletten, Zombies und blutüberströmter Leute mit einem dicken Messer im Kopf wahnsinnig auf das nächste Weihnachtsfest zu freuen.

Bibliografische Information der Deutschen Nationalbibliothek:
Die Deutsche Nationalbibliothek verzeichnet diese Publikation
in der Deutschen Nationalbibliografie; detaillierte bibliografische
Daten sind im Internet über http://dnb.d-nb.de abrufbar.

Verlagsgruppe Random House FSC-DEU-0100
Das für dieses Buch verwendete FSC-zertifizierte
Papier *EOS* liefert Salzer, St. Pölten.

1. Auflage
Copyright © 2011 by Gütersloher Verlagshaus, Gütersloh,
in der Verlagsgruppe Random House GmbH, München

Druck und Einband: CPI Moravia Books, Korneuburg
Printed in Czech Republic
ISBN 978-3-579-07224-1
www.gtvh.de